Die großen Themen unserer Zeit
– 30. Ausgabe –

AF216946

MONIKA RANKERS (HRSG.)

Die großen Themen unserer Zeit

BEOBACHTUNGEN · ANALYSEN · POSITIONEN

30. Ausgabe

Mit Beiträgen zum Schwerpunktthema

Sind Tiere die besseren Menschen?

FRIELING

Was die geneigten Leser vorab wissen sollten:
Wir geben unseren Autoren die Freiheit, selbst über den Gebrauch von alter, neuer oder Schweizer Rechtschreibung zu entscheiden, daher variiert auch die Schreibweise in dieser Anthologie.

Bibliografische Information der Deutschen Nationalbibliothek
Die Deutsche Nationalbibliothek verzeichnet diese Publikationsreihe in der Deutschen Nationalbibliografie; detaillierte bibliografische Daten zur Reihe sind im Internet über http://dnb.d-nb.de abrufbar.

© Frieling-Verlag Berlin
  Eine Marke der Frieling & Huffmann GmbH & Co. KG
  Rheinstraße 46, 12161 Berlin
  Telefon: 0 30 / 76 69 99-0 · Fax: 0 30 / 7 74 41 03
  Internet: www.frieling.de · E-Mail: redaktion@frieling.de

ISBN 978-3-8280-3677-2
Auch als E-Book erhältlich (ISBN 978-3-8280-3678-9).
1. Auflage 2022
Umschlaggestaltung: Michael Reichmuth (Abb.: ©sumanley – Pixabay)
Sämtliche Rechte an den einzelnen Beiträgen sind den Autoren vorbehalten.
Printed in Germany

INHALT

Vorwort der Herausgeberin

In der Kürze liegt die Würze. So der Volksmund. Mein alter Klassenlehrer im dritten Schuljahr hat es anders ausgedrückt: Quark getreten bleibt Quark.

Das ist bei mir so verankert, dass ich eine richtige Abneigung gegen lange Texte empfinde. Hinzu kommt, dass ich mich während des Studiums nicht nur mit Romanen, sondern auch mit der dazugehörigen Sekundärliteratur habe befassen müssen. Meist uferlos. Uferlos bezüglich des Umfangs. Hat häufig den Eindruck hinterlassen, es handele sich nicht um das fragliche Werk, auf das ich mich beziehe. Um irgendwas anderes. Quäle mich durch – gefühlt – dreihundert Buchseiten, in denen der Inhalt des Romans noch einmal im Detail – aber nicht meinem Verständnis entsprechend – dargeboten wird.

Ich habe das große Aha-Erlebnis – endlich verstanden! –, um schließlich auf den letzten drei Seiten des Werkes den eigentlich für mich wichtigen Aspekt zu entdecken. Das ist es! Endlich das Auffinden des wirklichen Grundes für meine Lektüre. Vergleichsweise dürftig dargestellt angesichts des Gesamtumfangs. Aber immerhin.

Seit dieser Zeit habe ich definitiv einen Hang zur Kürze. Die Anthologie entspricht mit den kurzen Texten aber nicht nur meinem persönlichen Bedürfnis nach Kürze. Allgemein kommt sie dem heutigen Zeitempfinden entgegen. Die Themenvielfalt erlaubt mir nicht nur eine kurzweilige Pause von der langweiligen Hausarbeit. Ich muss mich nicht zwangsweise mit Corona, Krieg oder Klima beschäftigen. Kann einfach das Buch irgendwo aufschlagen, ohne krampfhaft meine grauen Zellen zu aktivieren, um das bereits Gelesene zu erinnern.

Je nach Stimmungslage und Zeit kann ich ein Stück Literatur auswählen, das meiner momentanen Situation entspricht. In der Kürze ... Keine zwangsweise Auseinandersetzung mit Corona, Ukrainekrieg oder Weltwirtschaftskrise. Es gibt noch andere Themen. Viele.

Auf zu neuen Ufern!

Monika Rankers
Aachen, den 15.7.2022

ALEXIS

Der richtige Weg für Afghanistan

Was wäre der richtige Weg für Afghanistan? Wenn man von der EU, den USA und den Vereinten Nationen darauf drängt, dass in Afghanistan das Land mit Kartoffeln, Getreide und Gemüse für die Gemeinschaft in Städten und Dörfern bewirtschaftet wird. Bisher gehörten die Felder einigen wenigen Fürsten, die nur Opium (ein Rauschgift) anbauten. Das brachte ihnen viel Geld. Aber auch Verderben für ihr Land und für Europa, denn es sterben immer noch viele und junge Menschen, die Drogen nehmen. Wenn die Fürsten durch Gelder dazu bewegt werden würden, auf ihren Feldern landwirtschaftliche Produkte (Nahrungsmittel) anzubauen, könnte es Arbeit für Männer und Frauen geben und das Land Afghanistan könnte sich sogar selbständig ernähren. Hierfür müssten EU-Hilfen fließen. Das müsste das Ziel der EU und der Vereinten Nationen sein. Darüber müssen sie verhandeln, auch mit den Taliban.

Auch ist jetzt eine extrem brenzlige und schwierige Situation in Afghanistan eingetreten mit vielen Menschen auf der Flucht und kriegsähnlichen Zuständen nach dem Abzug der amerikanischen und deutschen Truppen und der darauffolgenden Eroberung des Landes durch die Taliban. Sodass durch die Vereinten Nationen jetzt Nahrungsmittel in das Land eingeführt werden müssen, um eine Hungerkatastrophe zu verhindern.

Warum hat man mit dem Abzug der deutschen Truppen aus Afghanistan nicht schon eher begonnen, in geordneten Verhältnissen? Warum ist man in Afghanistan überhaupt reingegangen, wenn ein Gedicht von dem deutschen Dichter Theodor Fontane, 1898 herausgegeben, darauf hinwies, wie schlimm es schon damals endete, in das Land mit Truppen hineinzugehen?

Das Gedicht, wiedergegeben in Auszügen:

Theodor Fontane: „Das Trauerspiel von Afghanistan"

… Ein Reiter vor Dschellalabad hält.
Wer da! – Ein britischer Reitersmann.
Bringe Botschaft aus Afghanistan!
Afghanistan! Er sprach es so matt.
Es umdrängt den Reiter die halbe Stadt …
Er atmet hoch auf und dankt und spricht:
„Wir waren dreizehntausend Mann.
Von Kabul unser Zug begann –
Soldaten, Führer, Weib und Kind,
erstarrt, erschlagen, verraten sind.
Zersprengt ist unser ganzes Heer,
was lebt, irrt draußen in Nacht umher …
Die hören sollen, sie hören nicht mehr …
… Mit dreizehntausend der Zug begann,
einer kam heim aus Afghanistan.

Und heute 2021: Die deutschen Soldaten sind seelisch zerrissen nach Hause gekehrt, hatten Depressionen, Burnout und sind Krüppel bis ans Ende ihres Lebens. Warum hat man sie überhaupt in dieses Land geschickt?

Die kleineren Erfolge in Afghanistan, die die Besatzung durch US-amerikanische und deutsche Soldaten von 2001 bis 2021 gebracht haben, waren neugebaute Schulen für Jungen und Mädchen, Wohnhäuser und Krankenhäuser. Eine neue Kultur hat sich entwickelt. Frauen und Mädchen konnten sich frei bewegen. Frieden herrschte in Afghanistan. Aber die Blutopfer waren zu hoch! 2500 tote amerikanische und 59 tote deutsche Soldaten in 20 Jahren Kampf gegen die Taliban.

Zu bemängeln war auch die militärische Ausrüstung der deutschen Soldaten. Gewehre und Hubschrauber funktionierten nicht, sodass dies im Tagesblatt stand. Und auch ehemalige Inspekteure der Bundeswehr kritisierten diese Zustände und wiesen dringend darauf hin, dass sich dies ändern müsse.

Im August 2021, nach dem Abzug Tausender amerikanischer Soldaten, besetzten die Taliban auch die Hauptstadt Kabul. Die afghanische Armee hatte dem nichts mehr entgegenzusetzen. Es kam zu tumultartigen Szenen am Flughafen in Kabul. Tausende Afghanen flohen dorthin, wollten aus dem Land ausgeflogen werden. Die Soldaten der Amerikaner und Deutschen konnten nur mit knapper Müh und Not den Flugbetrieb organisieren und aufrecht erhalten. Zehntausende Afghanen, die den Truppen geholfen haben im Land, sollten beim Ausflug bevorzugt werden. Tausende von ihnen warten noch. Es sollten Flüge in die USA, nach Deutschland oder nach Usbekistan werden, die Hauptsache: raus aus Afghanistan.

Die Situation in Afghanistan im Oktober 2021

Junge und ältere Frauen, die es geschafft haben, nach Deutschland zu fliehen, berichten der „Berliner Zeitung": „Mein Vater, meine Mutter, ein Bruder und drei Schwestern sind vor den Taliban geflüchtet und verstecken sich bei Verwandten in Kabul. Sie gehen nicht mehr nach draußen. Die Verwandten versorgen sie mit Essen." Oder andere müssen nach Drohungen durch die Taliban ihre Wohnungen verlassen und ebenfalls bei Verwandten untertauchen. Sie haben nicht genug zu essen.

Berichte über verschwundene Ehemänner, Brüder und Schwäger. Sie werden getötet oder bleiben verschwunden. Jede Familie vermisst ein oder zwei Menschen. Angst verbreiten, das sei die Methode der Taliban. Die Angst sei sehr stark. Eine

Frau sagt: „Wie sollen sie einen Kampf mit den Taliban anfangen? Für die Taliban ist das alles nur ein Spiel. Sie haben das ganze Land übernommen, ohne zu schießen. Die Taliban sind wie ein Albtraum." Viele Afghanen seien arm und arbeitslos.

Es gibt unterschiedliche Meinungen im Umgang mit den Taliban. Eine andere Afghanin meint: „Nicht anerkennen." Auch soll die internationale Gemeinschaft es den Kriegern nicht noch leichter machen, indem sie sie anerkennen. Vielleicht, so hoffen sie, könnten die Krieger sich dann nicht sehr lange halten. In der Bevölkerung hätten sie keinen Rückhalt.

Friedenszeiten

Wie könnten Friedenszeiten in Zukunft für Afghanistan aussehen? Landwirtschaftsmaschinen müssten von der EU zur Verfügung gestellt werden. Landwirtschaftliche Berufe entwickelt werden. Die Jungen lernen Traktor zu fahren. Und die Mädchen lernen etwas über Fruchtfolgen des Getreides und über das Wachstum der verschiedenen Pflanzen und des Gemüses. Und sie selbst könnten dann helfen beim Säen, Bewässern und Ernten, zum Beispiel in kleinen angelegten Gärten am Rande der Stadt, wo sie für den eigenen Bedarf oder für mehrere Familien Bohnen anbauen. Und die Frauen sollten Auto fahren lernen, dass sie zu den Feldern hinkommen, die weiter entfernt liegen. Aber ist das überhaupt möglich unter einer Regierung der Taliban?

Die Erde brennt, 2021

Die Wälder brennen. Unsere ganze Welt brennt. Überall auf der Welt brennt es. Und wann sind wir dran? Dieses Jahr brennen die Wälder in Griechenland, der Türkei und Russland, und hinterher ist eine Wüstenlandschaft entstanden.

Und wo bleiben die Menschen, wenn Haus und Habe vernichtet ist? Brandstifter sollen es gewesen sein, die die Brände gelegt. Warum ist man nicht aufmerksamer, und warum gibt es keine hohen Strafen weltweit dafür?

Vielleicht könnte es in hundert Jahren in Europa Savannenebenen geben wie in Afrika. Oder wenn Starkregen in bestimmten Regionen in unserem Land auftreten, könnten das schon die Monsunregen sein, wie sie in Indien auftreten? Man hört ja oft sagen, jetzt beginnt in diesen Ländern die Regenzeit, die manchmal 4-5 Monate dauert. Kann man sich das bei uns vorstellen?

Es ist nicht mehr weit weg?

Ökologie weltweit

Was haben die Baumrodungen in Brasilien mit unserem Klima in Deutschland zu tun? Sehr viel sogar. Die Bäume sind die grüne Lunge unseres Planeten. Samt den vielen Tierarten, die darin vorkommen, bilden sie ein ökologisches Gleichgewicht. Sie filtern das Kohlendioxid aus der Luft und geben Sauerstoff an die Umgebung ab, durch die Photosynthese. Die Wälder überhaupt auf unserem Planeten sind für den Wasserhaushalt zuständig.

Aus dem Gleichgewicht geraten, setzt sich in bestimmten Gebieten ein trockenes und heißeres Klima durch. So, wie wir es jetzt auch schon in Deutschland haben. Die Winter sind nicht mehr so kalt. Das wiederum unterstützt die Entwicklung von Käfern, die die Bäume befallen und sie absterben lassen. So werden zum Beispiel Käferarten aus China eingeschleppt, die keine natürlichen Feinde in Europa haben. In Italien befallen sie die Apfelplantagen, sodass die Äpfel bitter werden und dann ungenießbar sind.

So entwickelt es sich immer weiter fort. Besonders einige Laubbäume wie die Eiche leiden unter der Hitze, und Krankheiten befallen sie. Auch der Eichenprozessionsspinner, eine Raupe, die ein großer Schädling der Eichen ist und den Baum samt seiner Äste und Blätter befällt, muss dann abgesaugt und die Raupen später verbrannt werden.

Ein anderer Schädling bei großer Trockenheit ist die Miniermotte, die Kastanienbäume befällt und die Blätter braun werden lässt. Auch diese Blätter müssen sorgfältig vom Boden aufgehoben und dann verbrannt werden.

Warum die Wälder Brasiliens verschwinden

Warum werden die Bäume so abgeholzt in Brasilien und anderswo, dass ganze Regenwälder verschwinden? Das ist nicht nur in Brasilien so, dem größten Gebiet lateinamerikanischer Regenwälder, sondern auch auf Borneo, einer südostasiatischen Insel. Und beiden liegt Gleiches zu Grunde. Die Regenwälder dort werden abgeholzt, um Palmölbäume in großen Plantagen anzubauen. Bezieher des Holzes und der Palmölfrüchte sind neben Deutschland auch andere europäische Länder. Es wird darüber nicht aufgeklärt in den Medien. Ein Mantel des Schweigens wird darübergelegt.

Wir stellen in großem Umfang Schränke, Tische, Stühle, Schlafmöbel und Küchen davon her. Aber wie geht man mit der Ressource Holz um, die in der Holzindustrie und auch Bauwirtschaft dringend benötigt wird? Was wird aus den nicht verkauften Küchen oder den anderen Holzmöbeln gemacht? Landen die etwa im Müll oder werden sie noch weiterverkauft? Sie werden geschreddert und verbrannt. Und auch jeder Verbraucher sollte ein neues Umweltbewusstsein entwickeln. Damit wir in 20 Jahren noch Holzmöbel kaufen können und gleichzeitig den Regenwald erhalten. Denn mit dem Nachpflanzen von Bäumen kommt man nicht so schnell hinterher, wie der Wald einst gewachsen war. Und das Klima ist auch heißer geworden.

Aber wir brauchen nicht erst nur nach Südamerika zu schauen bei der Abholzung von Wäldern. Hier in Europa gibt es das auch. In Rumänien gibt es noch urtümliche Wälder, bei denen sich große Möbelhausketten bedienen. In Rumänien gibt es den weltweit größten Umschlagplatz für Holz.

Palmöl aus Brasilien

In Brasilien zum Beispiel werden die Ländereien mit Wäldern vorsätzlich abgebrannt, um Felder zu haben, auf denen sie Palmölbäume anpflanzen. Davon leben sie. Es ist das Geld der armen Leute, und reich werden die Besitzer von den Plantagen. Und die Frucht, aus der das Palmöl gewonnen wird, geht nach Europa. Zum Beispiel wird in Deutschland Nutella hergestellt, das Palmöl enthält. Nutella ist ein beliebter Schoko-Aufstrich auf's Brot bei unseren Kleinsten. Und wir müssen lernen zu verzichten. Zugunsten der Regenwälder, dass sie erhalten bleiben. Aber ganz verzichten braucht man nicht. Es gibt den Schokoaufstrich Nudossi, der kein Palmöl enthält.

Verzichten sollte man auch auf andere Produkte, die Palmöl enthalten. So ist in ganz vielen Margarinen Palmöl drin. Das steht auch auf den Produkten hinten drauf. Und so sollte sich unsere Lebensmittelindustrie rasch etwas einfallen lassen, wie man ohne Palmöl etwas Neues herstellt. In Seifen, Cremes kann auch viel Palmöl enthalten sein, wie zum Beispiel der Name der Seife „Palmolive" sagt. Palmöl und Oliven.

Jeder ist gefragt, etwas zu tun, für den weiteren Erhalt unseres Planeten Erde. Wir können vielleicht hoffen, wenn keine Palmölprodukte mehr gekauft werden, dass es zu keinen weiteren Baumrodungen in Südamerika und anderswo kommt.

Wir müssen ein neues Bewusstsein und ein neues Denken entwickeln, für die Probleme der Menschen, auch auf den Gebieten der Ökologie und der Technologie in unserer Zeit und für die Zukunft. Manchmal braucht es nur einen kleinen Anstoß dafür zu geben. Und unsere Kinder müssen wir miteinbeziehen, denn sie werden einmal an unserer Stelle stehen, familiär wie beruflich.

GABRIEL BARAST

70 ans qui ont changé notre monde
Le point de vue d'un français

Personnellement je vois, dans les 70 ans qui ont précédé l'avènement du Nazisme, trois bouleversements majeurs qui ont détruit la germanité d'auparavant.

Je dédie, à ceux de mes concitoyens Allemands et Français intéressés de mieux se connaitre pour mieux se comprendre, ce travail de recherche dans des documents souvent peu connus, et de réflexions sur la succession d'évènements qui ont permis à Hitler de confisquer le pouvoir en janvier/février 1933.

Ma famille est du Tardenois, le Pays de Claudel, et a souffert de l'occupation des Uhlans en 1870, de deux exodes, en 1914 et 1918, avec charrettes et bétail. Un de mes oncles a été tué près de Reims, mon Grand Père, blessé dès août 1914, a été prisonnier jusqu'en 1918 et je n'ai pas vu mon père, prisonnier dans un Oflag, entre mes 10 et 15 ans.

Je ne suis pas historien mais ma vie professionnelle et familiale a aiguisé mon intérêt pour cette période er m'a permis l'accès à bien des richesses généralement familières aux seuls Anglo-Saxons ou Allemands …

Ingénieur-Agronome (Paris 1949), passé ensuite par la Cornell U. aux USA puis par mon service dans la Marine (je suis devenu Capitaine de Frégate de réserve) et toute une activité dans l'Industrie Chimique Française, je suis marié depuis 1961 à une Allemande que j'ai connu à Paris où, détachée de Bertelsmann, elle faisait un remplacement aux Edition Somogy.

Par bonheur son Père travaillant pour les mélanges de carburants nécessaires aux armées allemandes, n'avait été sur aucun front et n'avait pas le temps d'être sollicité à participer aux activités nazies.

Bismarck, le créateur

Guillaume II, le mauvais génie

Weimar, l'allumé feu

Hitler

Le premier de ces bouleversements est la disparition, a partir de 1872, de l'Allemagne chere a Madame de Stael, qui était divisée en tant de principautés mais unie par ses poètes, ses musiciens, ses philosophes, le puzzle des Rhénans avec leur gaité, des Bavarois avec leur bon-vivre, sous l'emprise de Bismarck et des Prussiens.

Cette Allemagne était difficile à gérer: Déjà Madame de Sévigné mentionnait dans son courrier les «querelles d'Allemands» et Malesherbes, les «querelles d'Allemagne». Même après les efforts des années 1850 pour améliorer les décisions du Congrès de Vienne de 1816, la Confédération Germanique regroupait 4 Royaumes, 1 Electorat, 7 Grands Duchés, 15 Duchés, 9 Principautés, 4 Villes Libres, 1 Landgraviat ainsi que le Royaume de Prusse (mais sans ses provinces à l'est du Brandebourg) et l'Empire austro-hongrois (mais pour le seul territoire de l'Autriche).

Nos pays européens, la France, le Royaume Uni, ou l'Espagne, qui ont conquis leur unité, difficilement mais il y a plusieurs siècles, ont du mal à réaliser cette situation.

Bismarck

Trois guerres, gagnées, en six ans mais, ensuite, douze ans de prussianisation et de modernisation de la nouvelle Allemagne

Bismarck, Conseiller du Roi de Prusse Guillaume 1er depuis 1861 et devenu son Premier Ministre en 1862 a une expérience politique pour avoir été Ambassadeur à la Diète Fédérale de Francfort de 1852 à 1856, puis à St. Pétersbourg et à Paris.

De cette expérience et de la complexité et l'échec des remaniements de la Confédération Germanique, où la Prusse, avec sa situation baroque, ne parvenait pas à prendre l'influence qu'elle souhaitait, il avait conclu que les grands problèmes du temps ne sauraient être résolus par le Parlement mais «par le fer et par le sang» et il avait défini sa politique en écrivant: «Il n'y a pas de peuple allemand! Notre politique est d'absorber l'Allemagne dans la Prusse, et ainsi de faire, de la Prusse, l'Allemagne». C'était en 1865.

Et de ce fait il se lance en trois guerres en six ans, avec succès.

L'envahissement du sud du Danemark pour y fixer les frontières du Holstein et du Schleswig, avec la participation de l'Empire autrichien. Les désaccords, espérés, avec l'Autriche sur la gestion de ces territoires et la guerre en résultant en 1866 entre la Prusse et l'Empire autrichien (soutenu par les Etats Allemands du Sud et par le Hanovre) se termine par la difficile mais décisive victoire des Prussiens à Sadowa. Le Traité de Prague donnant fin à la Confédération Germanique qui est remplacé par une association douanière entre la Prusse et les Etats Germaniques du Nord, et avec le renoncement de l'Empire autrichien a tout intérêt pour les Etats Germaniques.

Bismarck fut ainsi élu en 1867 Bundeskanzler, le premier de l'union de la Prusse et des Etats du Nord de l'Allemagne, les Etats du Sud restant encore indépendants.

Pour les gagner à ses côtés, il réussit à ce que la France lui déclare la guerre en 1870. Sa victoire à Sedan permit alors que Guillaume 1er, Roi de Prusse, se proclame «Empereur Allemand » dans le lieu symbolique de la Galerie des Glaces du Château de Versailles. Mais en fait ce n'est qu'ultérieurement, en 1872, qu'il sera vraiment intronisé à Munich comme «Empereur du Deutsches Reich», chef de toutes ses armées, avec Berlin pour Capitale, après que les Etats du Sud de l'Allemagne aient rallié ceux du Nord (par une majorité de deux voix avec l'acceptation des Etats du Sud que la dignité impériale fut conférée aux Hohenzollern). Madame de Sévigné eut dit qu'il avait fallu plus de 500 ans pour qu'en 1876 le Mark remplace le Thaler!

Bismarck était un colosse qui ne croyait ni en Dieu ni en l'Eglise, mais ce n'était pas un ancêtre des Nazis! Ce n'était pas un démocrate mais il respecta les règles de la relative démocratie prussienne. En fait, ce qui le motivait c'était la création d'un véritable et moderne État allemand, sous l'égide de la Prusse, même au prix de la disparition de son nom.

Et c'est à ce titre que nous le mentionnons comme responsable du premier bouleversement préalable au Régime Nazi, qui n'aurait pu prendre son ampleur dans une Allemagne demeuré morcelée.

Ce fut d'ailleurs une des conclusions des discussions de la Conférence de Téhéran en 1943 entre Roosevelt, Churchill et Staline sur l'avenir de l'Allemagne. Staline pensait lui interdire toute industrie et tout usage de l'aviation, car «les Allemands, travailleurs et habiles sont capables de convertir des usines de meubles ou d'horlogerie pour fabriquer des éléments d'obus».

Roosevelt et Churchill suggéraient de la démembrer en cinq états autonomes et deux territoires pour Roosevelt, ou pour Churchill, une Prusse isolée et durement traitée, et une Bavière, une Autriche et une Hongrie constituant une grande confédération pacifique. Mais à Yalta, en février 1945, la situation militaire était en telle évolution que, lorsque Staline aborda l'avenir de l'Allemagne, il fut décidé que plusieurs années d'occupations militaire étaient un préalable nécessaire.

Winston Churchill le précise dans ses mémoires, pour lesquelles il a reçu le Prix Nobel de Littérature.

Bismarck avait fait preuve d'une grande habilité

Il lui fallait que ce soit la France qui déclare la guerre en1870. En effet.

L'Union de la Prusse et des État Germaniques du Nord crée en 1867 n'était guère qu'une Union douanière avec une monnaie unique mais le maintien des monnaies propres aux états membres, et leur entraide militaire était limitée au seul cas où un de ses membres serait l'attaqué et non l'attaquant. D'où le piège de la dépêche d'Ems.

La finesse de Bismarck est illustrée par son opposition à ce que l'Alsace-Moselle fut transférée à l'Allemagne, sans intérêt pour elle et avec le risque d'un litige futur avec la France.

Mais aussi avec son énergie à obtenir que la France soit condamnée à verser une énorme indemnité de 6 milliards de franc-or à l'Allemagne. Ramenée à 5 milliards, elle représentait encore 20% du PIB et fut réglée en 3 annuités et servit à financer le développement de la nouvelle Allemagne et asseoir son crédit.

Guillaume II

Conduisant l'Allemagne nouvelle au chaos et l'y abandonnant la veille de l'armistice

Le deuxième bouleversement est l'avènement de Guillaume II avec le développement du sentiment que l'intérêt de la nation allemande prime sur le respect des lois morales occidentales.

Guillaume 1er était un modéré, tempéré s'il le fallait par sa belle-mère, la Reine Victoria, elle-même petite fille d'un roi d'Angleterre d'origine allemande et simultanément roi de Hanovre. Il laissa les mains libres, ou presque, à Bismarck. Ce dernier, une fois installée la nouvelle Allemagne eut pour seul objectif, pendant vingt ans, de la consolider et la moderniser, étant d'ailleurs socialement en avance sur les autres pays européens.

Ses trois guerres en six ans lui avaient suffi pour fixer sa frontière du nord et celle avec l'Empire d'Autriche et pour neutraliser la France.

C'est l'Allemagne de Guillaume II qui voulut installer des «colonies» en Afrique, à l'instar du Portugal, du Royaume Uni, de la France, mais alors que les territoires les plus intéressants n'étaient plus disponibles. C'est l'Allemagne de Guillaume II qui, avec le Général von Trotha, surnommé le Requin, fut responsable du massacre entre 1904 et 1908 de 50 milles Héréros et 20 milles Namas en Namibie, hommes, femmes et enfants, qui, chassés pour laisser leur place aux colons allemands.

Ils moururent de faim et de soif ou dans des camps de concentrations comme celui de Shark Island d'où ne revinrent que deux cents survivants sur 3500 prisonniers. Ces données authentifiées par les historiens allemands comme le premier génocide, anticipant celui des Arméniens par les Turcs.

C'est l'Allemagne de Guillaume II qui se construit une flotte digne du Royaume Uni et qui, dès 1905, s'estimait prête pour une guerre qu'elle prévoyait inévitable avec le chaos des Balkans.

Mais, alors que la fin du XIXème siècle avait vu la création de la Croix-Rouge et les efforts pour humaniser les guerres, c'est l'Allemagne de Guillaume II qui commença la guerre de 1914 par l'invasion d'un pays neutre, la Belgique, détruisant et pillant au passage la ville de Louvain. Puis, trois semaines plus tard, 300 obus incendiaires détruisaient la Cathédrale de Reims.

C'est l'Allemagne de Guillaume II qui, le 7 mai 1915, coula le paquebot Lusitania, faisant 1200 morts civils. Chacun le sait. Mais après deux ans d'arrêt, suite aux menaces américaines, c'est le Kaiser qui ordonna en janvier 1917 la reprise du torpillage des cargos, quel que soit leur pavillon. Ainsi furent coulés 6394 bâtiments civils, totalisant 13 millions de tonneaux, pour seulement une centaine de bâtiments militaire!

C'est l'Allemagne de Guillaume II qui, le 22avril 1915, disposa près d'Ypres, 5733 bonbonnes contenant 168 T de chlore qui furent libérées sur les 7 km face aux troupes françaises. Le chlore avait été produit par BASF, Hoechst et Bayer et la façon de l'utiliser mise au point par le Kaiser-Wilhelm-Institut de Berlin. Aux plaintes qu'il s'agissait d'une violation flagrante des lois internationales, l'Allemagne répondit que les Traités interdisaient seulement les obus chimiques et non pas les conteneurs de gaz!

C'est l'Allemagne de Guillaume II qui, fin mars 1918, mit en service la «Grosse Bertha», canon d'une portée de 120 km, tirant des obus de 120 kg, spécialement conçus pour créer la terreur en tuant des civils parisiens. En fait, il s'agissait des «Pariser Kanonen» sept canons utilisables chacun pour 65 coups. Au final, jusqu'en août 1918, ce furent 367 obus lancés sur Paris, faisant 256 morts, dont 91 dans l'église St. Gervais le 29 avril.

La Presse aidant, ces armes conçues pour la terreur, qui horrifièrent l'opinion internationale soulevèrent l'enthousiasme de la population allemande, contribuant à banaliser la disparition des valeurs fondamentales à notre civilisation.

Un exemple intéressant, car il touche toute la ligne hiérarchique, illustre l'érosion progressive mais consciente, du respect des règles internationales par les autorités allemandes: Le 2 mars 1915 le Capitaine Fryatt, commandant pour sa 143ème traversée de la mer du Nord le cargo civil anglais WREXHAM se fit attaquer par un sous-marin allemand, auquel il n'échappa qu'après 40 nautiques de poursuite.

Trois semaines plus tard, le 28 mars, au commandement d'un autre cargo, le BRUESSELS, un autre sous-marin allemand, en surface, lui donna l'ordre de stopper, mais le Capitaine Fryatt fit mettre ses machines en «avant toute» et fonça sur le sous-marin, qui plongea en catastrophe. Le Capitaine Fryatt fut décoré par l'Amirauté et félicité par la Chambre des Communes.

Un an plus tard, le 25 juin 1916, toujours aux commandes du BRUESSELS, quittant les Pays-Bas, il fut abordé par deux vedettes lance-torpilles allemandes qui prirent le contrôle de son bâtiment et le conduisirent à Zeebrugge, d'où le Capitaine Fryatt et son équipage furent conduit à un camp d'internement civil près de Berlin.

Et le 27 juillet 1916 la Cour Martiale de Bruges l'accusa d'avoir provoqué, alors qu'il n'était pas un officier de la Navy, le naufrage du sous-marin U 33, ainsi qu'en témoignait sa décoration. A 15 heures la Cour le condamna à mort comme francs-tireurs. Mais, sans doute consciente de l'abus de sa référence aux accords internationaux, pour qui les «francs-tireurs» sont des civils, qui, sans uniforme et hors l'autorité militaire, s'attaquent aux armées ennemies, il fut demandé au Kaiser de confirmer cette sentence.

Celui-ci approuva et, deux heures plus tard, le Capitaine Fryatt recevait 16 balles dans son corps. Satisfaction en Allemagne, où un communiqué de l'Armée rendit publique cette exécution. Scandale au Royaume Uni, où le Parlement vota la prise en charge par la Nation des sept enfants du Capitaine Fryatt, fusillé à l'âge de 46 ans. Aujourd'hui encore la ville de sa naissance commémore chaque année «l'assassinat» de son Capitaine.

Ce n'est pas pour rien que Albert Einstein écrivit le 2 août 1939 une lettre personnelle au Président Roosevelt le mettant en garde sur la possibilité de concevoir une bombe atomique et sur le fait inquiétant, que l'Allemagne avait interrompu toutes ses exportations d'uranium et commencé à reproduire les expériences américaines dans ce domaine.

L'enthousiasme de la Presse allemande au cours du «Blitz» du 21 septembre 1940 au 21 mai 1941, faisant 15 000 morts et 4 millions d'évacués confirmera ses inquiétudes. La Coventrysation se réfèrera au bombardement de Coventry avec sa première vague larguant 150 000 bombes incendiaires et les deux suivantes 450 tonnes de bombes explosives.

Les armistices

L'année 1918 sembla bien commencer pour l'Allemagne. Son stratagème de laisser transiter Lénine entre la Suisse et la Russie avait permis la chute du Tsar et la fin de la guerre avec la Russie. Les soldats allemands ainsi libérés purent être, malgré quelques mutineries, transférés sur le front ouest. L'armée monta ainsi une seconde bataille de la Marne qu'elle pensait devoir être décisive. Mais l'état-major français s'y était préparé et les forces allemandes furent obligées de battre en retraite. Les divisions américaines fraîchement débarquées étaient en renfort. Le 14 juillet 1918, un fils de l'ancien Président Theodor Roosevelt y perdit la vie, son avion ayant été abattu. Et le 8 août Français et Américains réussissent leur percée.

C'est la débandade, «le jour noir de l'armée allemande», écrit Ludendorff, Adjoint de Hindenburg, le chef du Grand État Major allemand. En septembre 1918 l'État Major allemand en informe le Kaiser. Ludendorff sombre dans la déprime et se réfugie en Suède.

En janvier 1918 ont éclaté de grandes grèves ouvrières. Avec le blocus anglais la faim règne. En octobre 1918 deux bâtiments de la flotte allemande se mutinent à Kiel.

C'est le début de la «Révolution allemande»

Le gouvernement libéral nommé début octobre est dépassé. L'Allemagne est sens dessus-dessous. Les spartakistes, aile gauche des sociaux- démocrates, veulent imiter les bolcheviques russes. Des soviets se créent à Munich, Stuttgart, Strasbourg, Colmar etc. L'insurrection gagne Berlin. D'une fenêtre du Reichstag, le Parlement impérial, le socialiste Scheidemann proclame la «République Allemande» prenant de vitesse de deux heures son rival Liebknecht favorable à une République sur le mode soviétique.

Guillaume II, réfugié en Belgique, qui n'a pu obtenir de son armée qu'elle marche sur Berlin, abdique le 9 novembre 1918, et gagne le lendemain les Pays-Bas, restés neutres, qui l'accueillent pour les23 ans qu'il lui restait à vivre jusqu'en 1941 et qui refusent de le livrer aux Alliés, ce qui n'empêcha pas en

1940 l'invasion des Pays- Bas par l'Allemagne le 10 mai et le bombardement de Rotterdam par la Luftwaffe le 14 mai avec ses 800 morts.

Le temps des Armistices est arrivé:
Bulgarie le 29 septembre, Empire Ottoman le 30 octobre, Autriche-Hongrie le 3 novembre.

Les Chefs Militaire Allemands ne voulant pas endosser cette capitulation, c'est un député, Erzberger, qui le 7 novembre vient en discuter les conditions avec Foch et quatre jours plus tard, le 11 novembre à 5 heures du matin, signe l'Armistice, qui rentrera en vigueur le même jour à 11 heures.

La «République» a été proclamée le 9 novembre, et le malentendu s'installe: Hindenburg répand la légende du «coup de poignard dans le dos» selon laquelle la guerre n'a pas été perdue par l'Armée et ses Généraux, invaincu, mais par la trahison de l'Arrière, ces députés défaitistes, ces socialistes révolutionnaires, ses juifs sans patrie. «L'Armée n'a pas été vaincu, puisque l'ennemi n'a pas mis un pied sur le sol allemand», dira même un membre du Gouvernement en accueillant un train de soldats démobilisés.

En Allemagne le 11 novembre n'a jamais été célébré comme date de l'Armistice. Mais il a continué de l'être comme «ouverture du temps du «Carneval» et de sa préparation, fixée traditionnellement le 11 ; à 11 heures 11, du 11ème mois de l'année, car le nombre 11 est le nombre des «fous»; celui des onze flammes noires du blason de Cologne. Hasard ou naïveté des Alliés ? Un dicton allemand affirme «l'humour est quand on rit malgré tout»

République de Weimar
Héritière du chaos et dix ans de terrible soubresauts, qui font le lit du nazisme

La République dite de Weimar, parce que Berlin est inaccessible avec ses émeutes spartakistes et ses assassinats, mais qui portera ce nom qu'à posteriori car les Allemands la dénommeront toujours le Reich Allemand, dirigé par son Président et gouverné par le Chancelier qu'il choisit, vivra des débuts chaotiques.

Une «Räterepublik» est même déclaré à Munich jusqu'en mai 1919. Cependant l'Assemblée vote le 28 juin 1919 pour la signature du Traité qui sera le Traité de Versailles par 237 voix pour (le Zentrum et le parti social-démocrate) et 138 voix contre.

La nouvelle Constitution promulguée le 11 août 1919 entérinant une division interne en 26 «Etats libres», héritiers de leur histoire ; avec leurs limites et conservant certaines prérogatives, donc leur propre police.

Ce fait ne facilita pas le retour au calme. Le putsch du 13 mars 1920 à Berlin, les actions dites de Mars avec la révolte communiste et son «armée rouge» de 50000 hommes contrôlant la Ruhr, matée par les «Freikorps» en avril 1920 avec plus de 2000 morts, les rébellions communistes de 1921 dans la Saxe et à Hambourg, l'assassinat de Erzberger puis, le 24 juin 1922 l'assassinat du Ministre des Affaires Etrangères, et des centaines d'attentats de personnalités modérées par des terroristes d'extrême droite.

En 1923 c'est la crise économique et monétaire la plus folle.

Le gouvernement n'en ayant plus les moyens financiers cessa de payer les réparations fixées par le Traité de Versailles. La France et la Belgique occupèrent la Ruhr le 11 janvier 1923. Une grève générale de huit mois effondra l'économie allemande.

L'État imprima de la monnaie en masse. La valeur du mark décline de 4,2 marks par dollar à un million de marks par dollar en août 1923 et 4200 milliards de mark par dollar le 20 novembre. Le coût d'envoi d'une lettre de 30 grammes passe de 10 à 60 marks entre le 1er janvier et le 1er juillet 1923, puis à 100 mille marks le 20 septembre, puis 40 millions de marks le 12 novembre et 30 milliards de marks le 30 novembre!!!

Les salaires sont payés à plusieurs reprises au cours d'une journée, et l'économie est passée au «troc».

Cette hyperinflation facilite les exportations et le payement de leurs dettes par les grandes entreprises allemandes et permet à l'État allemand de restaurer l'équilibre budgétaire.

Le 1er décembre 1923 une nouvelle devise, le Rentenmark est mise en circulation et échangée contre les anciens marks au taux de 1 Rentenmark pour 1000 milliards de Papier-marks! La ruine des épargnants est confirmée.

Entretemps, le 8 novembre 1923, Hitler tente un putsch à Munich, soutenu par Ludendorff, revenu de sa déprime … et de Suède.

D'abord accepté par les dirigeants de la Bavière, ce putsch échoua, se terminant par la condamnation de Hitler à 5 ans de prison, dont il ne fit qu'un an. Il en profita pour écrire «Mein Kampf» et surtout en tirer les leçons, abandonnant les coups de force, recherchant plus d'appuis dans l'armée et les conservateurs, renforçant aussi son emprise sur son Parti, qui ira jusqu'à la «Nuits des Longs Couteaux», fin juin 1934, avec ses centaines d'assassinats.

L'âge d'or entre 1924 et 1929 commença avec la fermeté du nouveau Chancelier Stresemann et du Directeur de la Reichsbank, le Dr. Schacht, remplaçant le Rentenmark par le Reichsmark gagé sur l'or et diminuant les dépenses de l'État.

Parallèlement le Plan Dawes, américain, coordonnant le remboursement des réparations de guerre avec les capacités économiques de l'Allemagne fit affluer les capitaux américains, allant même jusqu'aux accords Standard Oil - IG Farben ou Krupp-General-Elektrik.

Encore parallèlement sont signés les accords politiques de Locarno, l'entrée de l'Allemagne dans la Société Des Nations, la création de l'Assurance Chômage (avec reconversion et formation continue), l'Expressionnisme artistique et le Bauhaus.

Mais l'essor économique de l'Allemagne dépend largement de la conjoncture internationale avec ses exportations qui représentent le tiers de son PIB.

La crise mondiale de 1929 va donc fortement peser sur l'économie allemande, même si par le moratoire Hoover les Alliés renoncent au payement du solde des réparations qui leur sont dues: (l'Allemagne n'aura ainsi payé que 22,8 milliards d'indemnités sur les 132 milliards fixés par les accords de 1921).

La baisse des exportations est de 25% et celle de la production industrielle de 20 %.

Faillite du Kredit-Anstalt autrichien. Fermeture temporaire des banques et caisses d'épargne. Baisses des salaires, des allocations, des loyers, limitations des importations.

Echec avec six millions de chômeurs et le mécontentement de tous!

Election anticipées avec percée du KPD communiste et du parti nazi NSDAP.

Réapparition des problèmes sécuritaires, dans chacun des 26 Etats, dit souverains, responsable de l'emploi des forces de sécurité et une armée qui considère toujours qu'on lui a volé sa victoire!

Le nombre des chômeurs permanents ou partiels atteint 14 millions durant l'hiver 1931/1932.

La crise politique s'exaspère entre NSDAP (le parti National-Socialiste des Travailleurs Allemands) qui regroupe progressivement les mécontents non communistes et les milieux d'affaires, le KPD communiste qui se déchire avec le SPD socialiste, et le Zentrum qui disparait face à la mobilisation des abstentionnistes et des jeunes électeurs pour le NSDAP.

Hitler
Son émergence avec la ruse et par la force, conforte
par l'enthousiasme des foules, espérant être libérées du chaos

Hitler s'élance vers le pouvoir. Mais il a un problème. En 1925 il avait abandonné la nationalité autrichienne, qu'il haïssait. Pour ne pas être expulsé comme étranger indésirable, il était resté apatride donc non éligible, il finit par réussir à obtenir le passeport allemand qu'il lui fallait pour être candidat en 1932. L'Université de Hanovre lui remit le titre de «professeur honoris causa» ce qui lui donnait automatiquement la nationalité allemande. Ensuite Brunswick, l'unique Land codirigé par des Nationaux-Socialistes, le nomma Conseiller d'État et membre de la représentation de Brunswick à Berlin en 1932.

Les Anglais s'en souvinrent lançant lors de leur bombardement de la vieille ville de Hanovre en octobre 1943 des tracts où ils dirent à ses habitants qu'ils châtiaient l'ignominie de son Université en 1932. C'est ainsi que Hitler, appelé par Hindenburg, qui avait été élu Président de la République de Weimar en 1925, put accepter le poste de chancelier le 30 janvier 1933, après avoir posé la condition de nouvelles élections, donc il attendait la majorité.

Dès le 4 février les journaux socialistes et communistes sont interdits. Le 27 février le Reichstag est incendié par un chômeur communiste néerlandais. Le 28 février le KPD communiste est interdit, et la liberté d'opinion est suspendue.

Malgré ce climat, les élections du 5 mars ne donnent que 44% des sièges du Reichstag aux Nazis, mais alors les 41 députés communistes sont arrêtés et les Nazis obtiennent ainsi une majorité absolue de 51%. Celle-ci est confirmée par les nouvelles «élections» du 12 novembre 1933, donc la liste unique, ne comprenant que les Nazis, obtient 92% des voix.

Hitler supprime alors les assemblées des 26 länder et dote l'Allemagne d'une administration centrale.

Le 2 août le Président Hindenburg décède.

Les élections présidentielles sont remplacées par un plébiscite le 19 août, approuvé par près de 90% des électeurs.

Hitler cumule alors la fonction de Président de la République et de chancelier.

Il se fait designer par le titre de Führer. Et en vertu du «führerprinzip» il affirme n'être responsable devant personne;

le délabrement des Institutions Allemandes est illustré par ce fait qu'aucune d'entre elle ne réagit contre les incroyables abus de pouvoir de Hitler.

Il fut laissé faire comme si la République de Weimar n'existait pas, alors que, juridiquement elle ne fut abolie qu'en 1945!!!

Il est vrai que, dès ses débuts le peuple avait toujours dit «le Troisième Reich » et non «la République de Weimar».

Ainsi après soixante ans de bouleversements souvent plus marquants que ceux des autres nations, ce n'est donc pas dans les bras d'un beau grand Germain blond, fort et aux yeux bleus que les Allemands, estimant ne plus rien avoir à perdre, se jetèrent dans ceux d'un Allemand d'Autriche, petit, malingre et noiraud, ancien caporal, porteur de dépêches pendant la guerre 1914-1918.

Aigri par ses échecs, deux années de suite, à l'entrée de l'Académie de Peinture de Vienne par ce qu'il ne savait pas dessiner les visages. Renforcé de ce fait dans son rejet de la société qui l'entourait. Mais doté d'une volonté sans faille et de l'absence de tout scrupule ainsi que d'un talent oratoire qui électrisait les Allemands.

Il leur apporta la disparition de la chienlit et du chômage ainsi que l'image de la revanche et du rêve par sa promesse d'un «IIIème Reich de mille ans» radieux et admiré.

Son IIIème Reich disparut dans les flammes, le désastre et l'opprobre après douze ans et deux mois.

Mais c'est une autre histoire …

70 Jahre, die unsere Welt veränderten
Der Standpunkt eines Franzosen

Ich persönlich sehe in den 70 Jahren vor dem Aufkommen des Nationalsozialismus drei große Umbrüche, die das bisherige Deutschtum untergraben haben.

Dieses Werk, eine Nachforschung in oft wenig bekannten Dokumenten und Überlegungen über die Abfolge der Ereignisse, die Hitlers Machtergreifung im Januar/Februar 1933 ermöglichten, widme ich jenen deutschen und französischen Mitbürgern, die daran interessiert sind, einander besser kennenzulernen, um einander besser zu verstehen.

Meine Familie stammt aus Tardenois, dem Land von Claudel, und litt unter der Besetzung durch die Uhlanen im Jahr 1870 sowie unter dem zweimaligen Exodus mit Fuhrwerken und Vieh in den Jahren 1914 und 1918. Einer meiner Onkel wurde in der Nähe von Reims getötet, mein Großvater, der im August 1914 verwundet wurde, war bis 1918 in Gefangenschaft, und meinen Vater, der als Gefangener im Oflag war, habe ich zwischen meinem 10. und 15 Lebensjahr nicht gesehen.

Ich bin kein Historiker, aber mein berufliches und familiäres Leben hat mein Interesse an dieser Zeit geschärft und mir Zugang zu vielen Erkenntnissen verschafft, die im Allgemeinen nur den Angelsachsen oder Deutschen bekannt sind …

Als Agraringenieur (Paris 1949) durchlief ich anschließend die Cornell University in den USA, leistete meinen Dienst in der Kriegsmarine (ich war Fregatten-Kapitän der Reserve), hatte eine vollständige Karriere in der französischen chemischen Industrie und bin seit 1961 mit einer deutschen Frau verheiratet, die ich in Paris kennengelernt habe, wo sie, von Bertelsmann abgeordnet, eine Vertretung beim Somogy-Verlag übernahm.

Glücklicherweise war ihr Vater, der an den von den deutschen Armeen benötigten Kraftstoffmischungen arbeitete, an keiner Front gewesen und hatte keine Zeit, sich an den Aktivitäten der Nazis zu beteiligen.

Bismarck, der Schöpfer
Wilhelm II., das schlechte Genie
Weimar, der Brandstifter
Hitler

Der Erste dieser Umbrüche ist, seit 1872, der Untergang Deutschlands, das Madame de Stael so sehr am Herzen lag, das in so viele Fürstentümer aufgeteilt war, jedoch vereint durch seine Dichter, seine Musiker, seine Philosophen, das Rätsel der Rheinländer mit ihrer Fröhlichkeit, der Bayern mit ihrer Lebensfreude, unter der Herrschaft von Bismarck und den Preußen.

Dieses Deutschland war schwer zu verwalten: Bereits Madame de Sévigné erwähnte in einem ihrer Briefe die „querelles d'Allemands" und Malesherbes die „Querelen Deutschlands". Auch nach den Bemühungen der 1850er-Jahre, die Beschlüsse des Wiener Kongresses von 1816 zu verbessern, bestand der Deutsche Bund aus 4 Königreichen, 1 Kurfürstentum, 7 Großherzogtümern, 15 Herzogtümern, 9 Fürstentümern, 4 freien Städten, 1 Landgrafschaft sowie dem Königreich Preußen (allerdings ohne seine Provinzen östlich von Brandenburg) und dem Österreichisch-Ungarischen Reich (allerdings nur für das Gebiet von Österreich).

Unsere europäischen Länder, Frankreich, das Vereinigte Königreich oder Spanien, die ihre Einheit vor mehreren Jahrhunderten mühsam errungen haben, haben Schwierigkeiten, diese Situation zu begreifen.

Bismarck

Drei gewonnene Kriege in sechs Jahren, aber dann zwölf Jahre Preussifizierung und Modernisierung des neuen Deutschlands

Bismarck, der seit 1861 Berater von König Wilhelm I. von Preußen war und 1862 dessen Ministerpräsident wurde, hatte von 1852 bis 1856 politische Erfahrungen als Botschafter beim Bundestag in Frankfurt am Main und schließlich in St. Petersburg und Paris gesammelt.

Aus dieser Erfahrung und aus der Komplexität und dem Scheitern der Neuordnung des Deutschen Bundes, bei der Preußen mit seiner barocken Situation nicht den gewünschten Einfluss gewinnen konnte, zog er die Schlussfolgerung, dass die großen Probleme der Zeit nicht durch das Parlament, sondern „mit Eisen und Blut" zu lösen seien, und er formulierte seine Politik schriftlich: „Es gibt kein deutsches Volk! Unsere Politik ist es, Deutschland in Preußen einzugliedern und somit Preußen zu Deutschland zu machen." Das war im Jahr 1865.

Infolgedessen führte er innerhalb von sechs Jahren drei Kriege – mit Erfolg.

Der Einmarsch in Süddänemark, um die Grenzen von Holstein und Schleswig festzulegen, unter Mitwirkung des Österreichischen Kaiserreichs. Die Unstimmigkeiten, die man sich mit Österreich über die Verwaltung dieser Gebiete erhofft hatte, und der daraus resultierende Krieg zwischen Preußen und dem Österreichischen Kaiserreich (unterstützt von den süddeutschen Staaten und Hannover) im Jahr 1866 endeten mit dem schwierigen, aber entscheidenden preußischen Sieg bei Königgrätz. Der Prager Frieden beendete den Deutschen Bund und ersetzte ihn durch einen Zweckverbund zwischen Preußen und den norddeutschen Staaten sowie durch den Verzicht des Österreichischen Reiches auf jegliche Interessen an den deutschen Staaten.

So wurde Bismarck 1867 zum Bundeskanzler gewählt, dem ersten des Zusammenschlusses von Preußen und den norddeutschen Staaten, wobei die Südstaaten weiterhin unabhängig blieben.

Um sie auf seine Seite zu ziehen, brachte er Frankreich 1870 dazu, ihm den Krieg zu erklären. Sein Sieg bei Sedan ermöglichte es Wilhelm I., König von Preußen, sich am symbolischen Ort des Spiegelsaals im Schloss von Versailles zum „Deutschen Kaiser" auszurufen. Tatsächlich wurde er aber erst später, 1872, in München als „Kaiser des Deutschen Reiches", Oberhaupt aller Armeen, mit Berlin als Hauptstadt inthronisiert, nachdem die süddeutschen Staaten die nördlichen hinter sich versammelt hatten (mit einer Mehrheit von zwei Stimmen bei Zustimmung der Südstaaten wurde den Hohenzollern die Kaiserwürde verliehen). Madame de Sévigné meinte, es habe mehr als 500 Jahre gedauert, bis die Mark 1876 den Taler ersetzt habe!

Bismarck war ein Koloss, der weder an Gott noch an die Kirche glaubte, aber er war kein Vorfahre der Nazis! Er war kein Demokrat, respektierte jedoch die Regeln der eingeschränkten preußischen Demokratie. Was ihn antrieb, war die Schaffung eines echten und modernen deutschen Staates unter der Schirmherrschaft Preußens, selbst um den Preis des Verschwindens seines Namens.

Und in dieser Eigenschaft wird er als Urheber des ersten Umbruchs im Vorfeld des Nazi-Regimes genannt, das in einem zersplitterten Deutschland nicht hätte stattfinden können.

Dies war eine der Schlussfolgerungen der Konferenz von Teheran im Jahr 1943 zwischen Roosevelt, Churchill und Stalin über die Zukunft Deutschlands. Stalin wollte die gesamte Industrie und den Einsatz der Luftfahrt verbieten, weil „die fleißigen und geschickten Deutschen in der Lage sind, Möbel- und Uhrenfabriken zur Herstellung von Granatenteilen umzurüsten".

Roosevelt und Churchill schlugen vor, es in fünf autonome Staaten und zwei Territorien (Roosevelt) bzw. in ein isoliertes und hart behandeltes Preußen sowie in Bayern, Österreich und Ungarn zu zerlegen, die eine große friedliche Konföderation bilden sollten (Churchill). Doch in Jalta im Februar 1945 war die militärische Lage so angespannt, dass Stalin bei den Verhandlungen über die Zukunft Deutschlands beschloss, dass eine mehrjährige militärische Besatzung eine unabdingbare Voraussetzung sei.

Winston Churchill macht dies in seinen Memoiren deutlich, für die ihm der Nobelpreis für Literatur verliehen wurde.

Bismarck hatte großes Geschick bewiesen

Er war darauf angewiesen, dass Frankreich ihm 1870 den Krieg erklärte. Ja, in der Tat.

Die 1867 gegründete Union Preußens und der norddeutschen Staaten war nicht viel mehr als eine Zweckgemeinschaft mit einer gemeinsamen Währung, aber unter Beibehaltung der eigenen Währungen der Mitgliedsstaaten, und ihr militärischer Beistand war auf den Fall beschränkt, dass eines ihrer Mitglieder der Angegriffene und nicht der Angreifer war. Daher die Emser Depesche.

Bismarcks Scharfsinn zeigt sich in seinem Widerstand gegen die Abtretung von Elsass-Mosel an Deutschland, was für Deutschland nicht von Interesse war und einen zukünftigen Konflikt mit Frankreich riskierte.

Aber auch in seinem Einsatz für die Verurteilung Frankreichs zur Zahlung einer gewaltigen Entschädigung von 6 Milliarden Goldfranken an Deutschland. Sie wurde auf 5 Milliarden reduziert, machte aber immer noch 20 % des BIP aus und wurde in drei jährlichen Raten gezahlt, um die Entwicklung des neuen Deutschlands zu finanzieren und dessen Bonität zu sichern.

Wilhelm II.,
der das neue Deutschland in das Chaos führte und es am Vorabend des Waffenstillstands verließ

Der zweite Umbruch ist der Aufstieg von Wilhelm II., wobei sich das Gefühl entwickelt, dass das Interesse der deutschen Nation über der Respektierung der westlichen moralischen Gesetze steht.

Wilhelm I. war ein gemäßigter Mann, der, wenn nötig, von seiner Schwiegermutter, Königin Victoria, selbst Enkelin eines deutschstämmigen Königs von England und gleichzeitig Königs von Hannover, gezügelt wurde. Er ließ Bismarck freie Hand oder zumindest nahezu freie Hand. Nach der Gründung des neuen Deutschlands bestand zwanzig Jahre lang dessen einziges Ziel darin, es zu konsolidieren und zu modernisieren und den anderen europäischen Ländern sozial einen Schritt voraus zu sein.

Seine drei Kriege in sechs Jahren hatten ausgereicht, um die Nordgrenze und die Grenze zum Kaisertum Österreich zu sichern und Frankreich zu neutralisieren.

Es war das Deutschland unter Wilhelm II., das nach dem Vorbild Portugals, des Vereinigten Königreichs und Frankreichs „Kolonien" in Afrika gründen wollte – aber die interessantesten Gebiete waren nicht mehr verfügbar. Es war das Deutschland unter Wilhelm II., das zusammen mit General von Trotha, genannt der Hai, zwischen 1904 und 1908 für das Massaker an 50 000 Herero und 20 000 Namas in Namibia verantwortlich war, Männern, Frauen und Kindern, die vertrieben wurden, um Platz für die deutschen Siedler zu schaffen.

Sie verhungerten und verdursteten oder starben in Konzentrationslagern wie Shark Island, aus dem nur zweihundert von 3 500 Gefangenen zurückkehrten. Diese Daten wurden von deutschen Historikern als der erste Völkermord bestätigt, der dem Völkermord an den Armeniern durch die Türken vorausging.

Es war das Deutschland unter Wilhelm II., das eine Flotte aufbaute, die dem des Vereinigten Königreiches ebenbürtig war, und das sich bereits 1905 auf einen Krieg vorbereitete, den es angesichts des Chaos auf dem Balkan als unvermeidlich ansah.

Doch während Ende des 19. Jahrhunderts das Rote Kreuz gegründet worden war und man sich bemüht hatte, die Kriege zu humanisieren, war es das Deutschland unter Wilhelm II., das 1914 den Krieg begann, indem es in ein neutrales Land, Belgien, einmarschierte und dabei die Stadt Löwen zerstörte und plünderte. Drei Wochen später wurde die Kathedrale von Reims durch 300 Brandgranaten zerstört.

Es war das Deutschland unter Wilhelm II., das am 7. Mai 1915 das Passagierschiff Lusitania versenkte, wobei 1200 Zivilisten ums Leben kamen. Das ist jedem bekannt. Doch nach einer zweijährigen Unterbrechung aufgrund amerikanischer Drohungen ordnete der Kaiser im Januar 1917 die Wiederaufnahme der Torpedierung von Frachtschiffen an, ungeachtet ihrer Flagge. So wurden 6394 zivile Schiffe mit einer Gesamttonnage von 13 Millionen Tonnen für nur hundert Militärschiffe versenkt!

Es war das Deutschland unter Wilhelm II., das am 22. April 1915 in der Nähe von Ypern 5733 Flaschen mit 168 Tonnen Chlor aufstellte, die auf einer Strecke von 7 km vor den französischen Truppen freigesetzt wurden. Das Chlor wurde von BASF, Hoechst und Bayer hergestellt und das Verfahren zu seiner Verwendung vom Kaiser-Wilhelm-Institut in

Berlin entwickelt. Auf die Vorwürfe, dies sei ein eklatanter Verstoß gegen das Völkerrecht, entgegnete Deutschland, die Verträge verböten nur chemische Granaten, nicht aber Gasbehälter!

Es war das Deutschland unter Wilhelm II., das Ende März 1918 die „Große Bertha" in Betrieb nahm, ein Geschütz mit einer Reichweite von 120 km, das Granaten mit einem Gewicht von 120 kg abfeuerte und speziell dafür konzipiert war, die Pariser Zivilbevölkerung in Angst und Schrecken zu versetzen. Tatsächlich handelte es sich dabei um „Pariser Kanonen", sieben Geschütze, die jeweils 65 Schuss abgeben konnten. Bis August 1918 wurden insgesamt 357 Granaten auf Paris abgefeuert, die 256 Menschen in den Tod rissen, von denen 91 am 29. April in der Kirche St. Gervais starben.

Mithilfe der Presse haben diese für den Terror bestimmten Waffen, die die internationale Öffentlichkeit entsetzten, die deutsche Bevölkerung begeistert und dazu beigetragen, den Untergang der Grundwerte unserer Zivilisation zu verharmlosen.

Ein interessantes Beispiel, da es die gesamte Hierarchie betrifft, veranschaulicht die allmähliche, aber bewusste Aushöhlung des Respekts für internationale Regeln durch die deutschen Behörden: Am 2. März 1915 wurde Kapitän Fryatt, Kommandant des englischen zivilen Frachters WREXHAM auf seiner 143. Überfahrt über die Nordsee, von einem deutschen U-Boot angegriffen, dem er erst nach einer 40 Seemeilen langen Verfolgungsjagd entkommen konnte.

Drei Wochen später, am 28. März, hatte er das Kommando über einen anderen Frachter, die BRUESSELS, als ein anderes deutsches U-Boot an der Oberfläche den Befehl zum Anhalten gab. Kapitän Fryatt gab jedoch volle Kraft voraus und rammte das U-Boot, das daraufhin ins Meer tauchte. Kapitän Fryatt wurde von der Admiralität ausgezeichnet und vom Unterhaus beglückwünscht.

Als er ein Jahr später, am 25. Juni 1916, als Kommandant der BRUESSELS aus den Niederlanden auslief, wurde er von zwei deutschen Torpedobooten geentert, die die Kontrolle über sein Schiff übernahmen und es nach Zeebrugge (Brügge an der Nordsee) brachten, von wo aus Kapitän Fryatt und seine Besatzung in ein ziviles Internierungslager bei Berlin gebracht wurden.

Und am 27. Juli 1916 beschuldigte ihn das Kriegsgericht in Brügge, den Untergang des U-Boots U 33 verursacht zu haben, obwohl er kein Marineoffizier war, wie sein Orden bezeugte. Um 15 Uhr verurteilte ihn das Gericht zum Tode durch Scharfschützen. Der Kaiser war sich jedoch zweifellos des Missbrauchs seiner Bezugnahme auf internationale Abkommen bewusst, wonach „francs-tireurs" (Außenseiter) Zivilisten sind, die ohne Uniform und außerhalb der militärischen Autorität feindliche Armeen angreifen, und wurde aufgefordert, dieses Urteil zu bestätigen.

Er willigte ein, und zwei Stunden später wurde Kapitän Fryatt mit 16 Schüssen durchbohrt. Genugtuung in Deutschland, wo die Hinrichtung durch ein Armee-Kommuniqué offiziell bekannt gegeben wurde. Skandal im Vereinigten Königreich, wo das Parlament für die Übernahme der Verantwortung für die sieben Kinder des im Alter von 46 Jahren erschossenen Kapitäns Fryatt durch die Nation stimmte. Noch heute wird in seiner Geburtsstadt jedes Jahr der „Ermordung" seines Kapitäns gedacht.

Nicht umsonst schrieb Albert Einstein am 2. August 1939 einen persönlichen Brief an Präsident Roosevelt, in welchem er ihn vor der Möglichkeit der Entwicklung einer Atombombe und der besorgniserregenden Tatsache warnte, dass Deutschland sämtliche Uranexporte eingestellt und begonnen hatte, die amerikanischen Experimente auf diesem Gebiet zu kopieren.

Die Begeisterung der deutschen Presse während des „Blitzes"
vom 21. September 1940 bis zum 21. Mai 1941, bei dem
15 000 Menschen getötet und 4 Millionen evakuiert wurden,
bestätigte seine Bedenken. Der Begriff „Coventrysation" be-
zieht sich auf die Bombardierung von Coventry, bei der in der
ersten Welle 150 000 Brandbomben und in den nächsten beiden
Wellen 450 Tonnen Sprengbomben abgeworfen wurden.

Die Armisten

Das Jahr 1918 schien für Deutschland gut zu beginnen. Sein
Schachzug, Lenin den Transit zwischen der Schweiz und Russland zu ermöglichen, hatte zum Sturz des Zaren und zum Ende
des Krieges mit Russland geführt. Die befreiten deutschen Soldaten konnten trotz einiger Meutereien an die Westfront versetzt werden. So kam es zu einer zweiten Schlacht an der Marne, von der die Armee annahm, sie würde entscheidend sein.
Doch der französische Stab war darauf vorbereitet, und die
deutschen Truppen wurden zum Rückzug gezwungen. Die gerade gelandeten amerikanischen Divisionen wurden zur Ver-
stärkung herangezogen. Am 14. Juli 1918 verlor ein Sohn des
ehemaligen Präsidenten Theodor Roosevelt sein Leben, als sein
Flugzeug abgeschossen wurde. Und am 8. August gelang den
Franzosen und Amerikanern der Durchbruch.

Es war eine Stampede, „ein schwarzer Tag für die deutsche
Armee", schrieb Ludendorff, Stellvertreter Hindenburgs, des
Chefs des deutschen Generalstabs. Im September 1918 unter-
richtete der deutsche Generalstab den Kaiser. Ludendorff wurde daraufhin depressiv und floh nach Schweden.

Im Januar 1918 kam es zu massiven Arbeiterstreiks. Durch
die englische Blockade herrschte Hunger. Im Oktober 1918
meuterten zwei Schiffe der deutschen Flotte in Kiel.

Dies ist der Beginn der „deutschen Revolution"

Die Anfang Oktober ernannte liberale Regierung ist nicht länger tragfähig. Deutschland steht Kopf. Die Spartakisten, der linke Flügel der Sozialdemokraten, wollen die russischen Bolschewiki nachahmen. Sowjets tauchen in München, Stuttgart, Straßburg, Colmar usw. auf. Der Aufruhr erreicht Berlin. Von einem Fenster des Reichstags aus verkündet der Sozialist Scheidemann die „Deutsche Republik" und braucht zwei Stunden, um sich gegen seinen Konkurrenten Liebknecht durchzusetzen, der sich für eine Republik nach sowjetischem Vorbild ausspricht.

Wilhelm II., der nach Belgien geflohen war und seine Armee nicht zum Marsch auf Berlin bewegen konnte, dankte am 9. November 1918 ab und erreichte am nächsten Tag die neutral gebliebenen Niederlande, die ihn für die ihm verbleibenden 23 Jahre bis 1941 aufnahmen und sich weigerten, ihn an die Alliierten auszuliefern, was Deutschland nicht daran hinderte, am 10. Mai 1940 in die Niederlande einzumarschieren und am 14. Mai Rotterdam zu bombardieren, was 800 Menschen das Leben kostete.

Die Zeit der Waffenstillstände ist gekommen:
Bulgarien am 29. September, das Osmanische Reich am
30. Oktober und Österreich-Ungarn am 3. November.

Da die deutschen Generalstabschefs dieser Kapitulation nicht zustimmen wollten, kam am 7. November der Stellvertreter Erzberger, um mit Foch die Bedingungen zu besprechen, und unterzeichnete vier Tage später, am 11. November um 5 Uhr morgens, den Waffenstillstand, der am selben Tag um 11 Uhr in Kraft trat.

Die „Republik" wurde am 9. November proklamiert, und die Missverständnisse häuften sich: Hindenburg verbreitete die Legende vom „Dolchstoß", wonach der Krieg nicht durch die Armee und ihre unbesiegten Generäle verloren wurde, sondern durch den Verrat der Hinterhand, ihrer defätistischen Abgeordneten, ihrer revolutionären Sozialisten, ihrer vaterlandslosen Juden. „Die Armee war nicht besiegt, denn der Feind hat keinen Fuß auf deutschen Boden gesetzt", sagte ein Regierungsmitglied bei der Begrüßung eines Zuges demobilisierter Soldaten.

In Deutschland wurde der 11. November nie als Datum des Waffenstillstands gefeiert. Aber es war weiterhin der Auftakt zur Zeit des Karnevals und dessen Vorbereitung, die traditionell auf den 11. festgelegt worden war; um 11 Uhr 11 des 11. Monats des Jahres, weil die Zahl 11 die Zahl der „Narren" ist; die der elf schwarzen Flammen des Kölner Wappens. Zufall oder Naivität auf Seiten der Alliierten? Ein deutsches Sprichwort besagt: „Humor ist, wenn man trotz allem lacht."

Die Weimarer Republik
Erbe des Chaos und der zehn Jahre furchtbarer Unruhen, die den Grundstein des Nazismus legen

Die Weimarer Republik, die so genant wird, weil Berlin mit seinen spartakistischen Unruhen und Attentaten unerreichbar ist, die diesen Namen aber nur im Nachhinein tragen wird, weil die Deutschen sie immer das Deutsche Reich nennen werden, geführt von ihrem Präsidenten und regiert von dem Kanzler, den er wählt, wird chaotische Entwicklungen erleben.

Bis Mai 1919 wurde in München sogar eine „Räterepublik" ausgerufen. Dennoch stimmte die Versammlung am 28. Juni 1919 mit 237 Ja-Stimmen (Zentrum und Sozialdemokratische

Partei) und 138 Nein-Stimmen für die Unterzeichnung des Versailler Vertrags.

Die am 11. August 1919 verkündete neue Verfassung sah eine interne Aufteilung in 26 „Freistaaten" vor, die an ihre Geschichte anknüpften, ihre eigenen Grenzen hatten und bestimmte Vorrechte behielten, unter anderem eine eigene Polizei.

Diese Tatsache machte es nicht leichter, die Ruhe wiederherzustellen. Der Putsch vom 13. März 1920 in Berlin, die sogenannten Märzaktionen mit dem kommunistischen Aufstand und seiner 50 000 Mann starken „Roten Armee", die das Ruhrgebiet kontrollierte und im April 1920 von den „Freikorps" mit mehr als 2000 Toten niedergeschlagen wurde, die kommunistischen Aufstände von 1921 in Sachsen und Hamburg, die Ermordung Erzbergers und dann am 24. Juni 1922 die Ermordung des Außenministers sowie Hunderte von Anschlägen auf gemäßigte Persönlichkeiten durch rechtsextreme Terroristen folgten.

Im Jahr 1923 herrschte die größte Wirtschafts- und Währungskrise.

Die Regierung konnte sich die im Versailler Vertrag festgelegten Reparationszahlungen nicht mehr leisten. Am 11. Januar 1923 besetzten Frankreich und Belgien das Ruhrgebiet. Ein achtmonatiger Generalstreik ließ die deutsche Wirtschaft zusammenbrechen.

Der Staat druckte massenhaft Geld. Der Wert der Mark sank von 4,20 Mark pro US-Dollar auf eine Million Mark pro US-Dollar im August 1923 und 4 200 Milliarden Mark pro US-Dollar am 20. November. Die Kosten für den Versand eines Briefes von 30 Gramm stiegen zwischen dem 1. Januar und dem 1. Juli 1923 von 10 auf 60 Mark, am 20. September auf

100 000 Mark, am 12. November auf 40 Millionen Mark und am 30. November auf 30 Milliarden Mark!

Die Löhne wurden mehrmals am Tag gezahlt, und die Wirtschaft hat sich auf den „Tauschhandel" verlagert.

Diese Hyperinflation erleichterte den deutschen Großunternehmen den Export und die Begleichung ihrer Schulden und ermöglichte es dem deutschen Staat, seinen Haushalt wieder auszugleichen.

Am 1. Dezember 1923 wird eine neue Währung, die Rentenmark, in Umlauf gebracht und gegen die alte Mark zum Kurs von 1 Rentenmark für 1000 Milliarden Papiermark umgetauscht! Der Ruin der Sparer ist besiegelt.

In der Zwischenzeit, am 8. November 1923, unternimmt Hitler einen Putschversuch in München, unterstützt von Ludendorff, der aus seiner Depression zurückgekehrt ist … und aus Schweden.

Dieser Putsch, der zunächst von der bayerischen Landesregierung akzeptiert wurde, scheiterte und endete mit einer Verurteilung Hitlers zu fünf Jahren Haft, von denen er nur ein Jahr absaß. Er nutzte dies, um „Mein Kampf" zu schreiben und vor allem, um Lehren daraus zu ziehen, indem er sich von den Staatsstreichen lossagte, mehr Unterstützung in der Armee und bei den Konservativen suchte und seinen Einfluss auf seine Partei festigte, was bis zur „Nacht der langen Messer" Ende Juni 1934 mit ihren Hunderten von Ermordungen reichen sollte.

Das goldene Zeitalter zwischen 1924 und 1929 begann mit der Entschlossenheit des neuen Reichskanzlers Stresemann und des Reichsbankdirektors Dr. Schacht, die Rentenmark durch die goldgedeckte Reichsmark zu ersetzen und die Staatsausgaben zu reduzieren.

Gleichzeitig brachte der amerikanische Dawes-Plan, der die Rückzahlung der Kriegsreparationen auf die wirtschaftliche Leistungsfähigkeit Deutschlands abstimmte, amerikanisches Kapital ins Land, bis hin zu den Abkommen Standard Oil – IG Farben oder Krupp – General-Electric.

Zur gleichen Zeit wurden die politischen Abkommen von Locarno unterzeichnet, Deutschland trat dem Völkerbund bei, die Arbeitslosenversicherung wurde geschaffen (mit Umschulungs- und Weiterbildungsmaßnahmen), es entstanden der künstlerische Expressionismus und das Bauhaus.

Die wirtschaftliche Entwicklung Deutschlands hing allerdings in hohem Maße von der internationalen Wirtschaft ab, da die Exporte ein Drittel des deutschen BIP ausmachten.

Die Weltwirtschaftskrise von 1929 sollte sich also stark auf die deutsche Wirtschaft auswirken, auch wenn das Hoover-Moratorium es den Alliierten ermöglichte, auf die Zahlung des Restbetrags der ihnen geschuldeten Reparationen zu verzichten (Deutschland zahlte somit nur 22,8 Milliarden der in den Abkommen von 1921 festgelegten 132 Milliarden).

Der Rückgang der Exporte um 25 % und der Industrieproduktion um 20 %.

Konkurs der österreichischen Kreditanstalt. Vorübergehende Schließung von Banken und Sparkassen.

Lohnkürzungen, Leistungskürzungen, Mietkürzungen, Einfuhrbeschränkungen.

Scheitern angesichts von sechs Millionen Arbeitslosen und Unzufriedenheit auf allen Seiten!

Verfrühte Wahlen mit einem Durchbruch für die kommunistische KPD und die nationalsozialistische Partei NSDAP.

Wiederauftreten von Sicherheitsproblemen in jedem der 26 Staaten, die als souverän gelten, für den Einsatz von Sicherheitskräften zuständig sind und über eine Armee verfügen, die sich nach wie vor des Sieges beraubt fühlt!

Im Winter 1931/1932 erreichte die Zahl der Dauer- und Teilarbeitslosen 14 Millionen.

Die politische Krise verschärft sich zwischen der NSDAP (der Nationalsozialistischen Deutschen Arbeiterpartei), die nach und nach die nichtkommunistischen Unzufriedenen und die Unternehmer um sich schart, der kommunistischen KPD, die von der sozialistischen SPD abgespalten ist, und dem Zentrum, das angesichts der Mobilisierung der „Wahlabstinenzler" und Jungwähler für die NSDAP verschwindet.

Hitler

Sein Auftauchen mit Gerissenheit und Kraft, unterstützt durch die Begeisterung der Menschenmassen, in der Hoffnung, vom Chaos befreit zu werden

Hitler kommt an die Macht. Er hat jedoch ein Problem. Im Jahr 1925 hat er seine österreichische Staatsbürgerschaft aufgegeben, die er hasste. Um nicht als unerwünschter Ausländer ausgewiesen zu werden, blieb er staatenlos und somit nicht wählbar, es gelang ihm jedoch letztendlich, den deutschen Pass zu erhalten, den er für seine Kandidatur im Jahr 1932 benötigte. Die Universität Hannover verlieh ihm den Titel „Ehrenprofessor", wodurch er automatisch die deutsche Staatsbürgerschaft erhielt. Dann ernannte ihn Braunschweig, das einzige von Nationalsozialisten mitregierte Land, 1932 zum Staatsrat und Mitglied der Braunschweiger Vertretung in Berlin.

Die Engländer erinnerten sich dieser Tatsache, als sie im Oktober 1943 die Altstadt von Hannover mit Flugblättern bombardierten, in denen sie den Einwohnern mitteilten, dass sie die Schmach der Universität von 1932 bestrafen würden. So konnte Hitler, der von Hindenburg (der 1925 zum Präsidenten der Weimarer Republik gewählt worden war) berufen worden war, am 30. Januar 1933 das Amt des Kanzlers antreten, nachdem er die Bedingung von Neuwahlen gestellt hatte, er erwartete also eine Mehrheit.

Ab dem 4. Februar wurden sozialistische und kommunistische Zeitungen verboten. Am 27. Februar wird der Reichstag von einem arbeitslosen niederländischen Kommunisten in Brand gesteckt. Am 28. Februar wird die kommunistische KPD verboten und die Meinungsfreiheit außer Kraft gesetzt.

Trotz dieses Klimas erhielten die Nazis bei den Wahlen vom 5. März nur 44 % der Reichstagssitze, doch dann wurden die 41 kommunistischen Abgeordneten verhaftet und die Nazis erhielten eine absolute Mehrheit von 51 %. Dies bestätigte sich bei den „Neuwahlen" vom 12. November 1933, bei denen die einzige Liste, die nur aus Nazis bestand, 92 % der Stimmen erhielt.

Hitler löst daraufhin die Versammlungen der 26 Länder auf und richtet eine Zentralverwaltung für Deutschland ein.

Am 2. August verstirbt Präsident Hindenburg.

Die Präsidentschaftswahlen werden am 19. August durch ein von nahezu 90 % der Wähler gebilligtes Plebiszit ersetzt. Hitler bekleidet damals das Amt des Präsidenten der Republik und des Kanzlers. Ihm wird der Titel „Führer" verliehen. Und nach dem „Führerprinzip" erklärt er, er sei niemandem Rechenschaft schuldig.

Die Entkräftung der deutschen Institutionen wird durch die Tatsache veranschaulicht, dass keine von ihnen gegen Hitlers unglaublichen Machtmissbrauch reagiert hat. Man ließ ihn gewähren, als hätte es die Weimarer Republik nicht gegeben, obwohl diese erst 1945 rechtlich abgeschafft wurde!

Es ist richtig, dass das Volk von Anfang an immer „das Dritte Reich" und nicht „die Weimarer Republik" gesagt hat.

So warfen sich die Deutschen, die nichts mehr zu verlieren hatten, nach sechzig Jahren der Umbrüche, die oft tiefgreifender waren als die anderer Nationen, nicht in die Arme eines großen, gutaussehenden, blonden, starken, blauäugigen Deutschen, sondern in die eines kleinen, kränklichen, schwarzhaarigen Deutschen aus Österreich, eines ehemaligen Gefreiten und Boten im Krieg 1914–1918.

Dieser war verbittert darüber, dass er zwei Jahre hintereinander an der Wiener Akademie für Malerei nicht aufgenommen wurde, weil er nicht in der Lage war, Gesichter zu zeichnen. Damit wurde er in seiner Ablehnung der ihn umgebenden Gesellschaft bestärkt. Aber mit einem unerschütterlichen Willen und Skrupellosigkeit sowie einem rednerischen Talent, das die Deutschen in seinen Bann zog.

Mit seinem Versprechen eines strahlenden und bewunderten „Tausendjährigen Reiches" brachte er ihnen das Verschwinden von Verbissenheit und Arbeitslosigkeit ebenso wie das Bild von Rache und Träumen.

Sein Drittes Reich löste sich nach zwölf Jahren und zwei Monaten in Flammen, Katastrophen und Schande auf.

Aber das ist eine andere Geschichte …

MARTIN EGIDIUS

Vier Pfoten, zum Beispiel Katzen

Es ist kalt und dunkel, die feuchten Pfoten sind schmutzig und schmerzen. Zeit reinzuschlüpfen. Umso mehr, als in der Küche schon Licht brennt.

Kalt?, dunkel?, Pfoten?, feucht?, schmerzen?, schmutzig?, Zeit reinzuschlüpfen?, umso mehr als?, Küche?, in der Küche?, schon?, Licht?, brennt?

Sie geht herum, werkelt mit Geschirr, eine Pfanne steht auf dem Herd. Ich melde mich, springe auf die Ablage der Bar, sie schiebt mir einen Napf hin, meldet sich auch …

Sie?, geht herum?, werkelt?, Geschirr?, Pfanne?, Herd?, melde?, mich?, springe?, auf?, die Ablage?, der Bar?, Napf?, meldet sich, meldet sich auch …?

Ich melde mich wieder, sie streichelt mich, ich schnurre, gehe hin und her mit kerzengeradem Schwanz. Ich habe nichts gefangen auf der Wiese oben. Wenn es wärmer ist, gibt's mehr. Große Tiere, kleine Tiere, Tiere in der Luft. Nicht die ganz großen, die auf zwei Beinen gehen, die Näpfe hinstellen oder die schreien, wenn man im Zimmer kratzt. Oder die Vierbeiner, die knurren und bellen, wo man davonrennen muss. Ich springe hinunter, streiche ihr um die Beine.

Streichelt?, schnurre?, hin und her?, gerade?, kerzengerade?, Schwanz?, nichts?, gefangen?, Wiese?, oben?, wärmer, wenn es wärmer ist?, Tiere?, große Tiere?, kleine Tiere?, in der Luft?, ganz große Tiere?, hinstellen?, schreien?, im Zimmer?, kratzt?, Beine?, zwei?, gehen?, Vierbeiner?, knurren, bellen?, rennen, davonrennen?, muss? hinunter?, streiche um die?, ihr?

Es ist Frühjahr. Die Pflanzen beginnen zu wachsen. Auch das Gras auf der Wiese oben. Heute ist schönes Wetter, langsam wird es heller. Die Sonne wird bald aufgehen. Bestimmt ist dann draußen mehr los. Doch jetzt bin ich müde. Ich gehe nur schnell raus und erledige was, dann lege ich mich aufs Sofa und kuschle mich in der Ecke ein. Da habe ich Ruhe.

Frühjahr?, Pflanzen?, wachsen, beginnen?, Gras?, heute?, Wetter, schönes Wetter?, Sonne?, aufgehen, wird aufgehen?, bestimmt?, dann?, draußen?, mehr?, los?, müde?, schnell raus und erledige was?, lege ich mich?, aufs Sofa?, kuschle?, Ecke?, da?, Ruhe?

Die Kater jagen mich, sie wollen auf mich hocken, besonders einer. Ich will nicht, ich will doch nur spielen. Manchmal bin ich auch wütend, fauche, kratze, ich habe scharfe Krallen. Wenn es mir zu bunt wird, haue ich ab. Ich klettere auf Bäume, springe weit und hoch. Ich bin flink und geschickt, schlank und nicht sehr groß. Werde ich gejagt, bin ich schnell weg. Spüre, sehe, höre, rieche ich ein Tier, das ich fangen kann, bin ich schnell da. Manchmal, wenn es warm ist, fange ich viel. Aber wenn man gleich nass wird, wenn es windet oder man sogar im Boden versinkt, dann gehe ich sofort wieder durch die Katzenklappe zurück ins Haus. Frisches Fressen gibt's dort immer genug für uns alle. Zu trinken auch.

Die Kater?, jagen?, wollen?, auf mich hocken?, besonders?, einer?, nicht?, spielen?, Manchmal?, wütend?, fauche?, kratze?, scharfe?, Krallen?, bunt?, haue ich ab?, klettere?, auf Bäume?, springe weit und hoch?, flink und geschickt? schlank?, werde?, gejagt, schnell weg?, spüre, sehe, höre, rieche?, fangen kann?, schnell da?, viel?, nass, windet, sogar im Boden versinkt?, sofort?, wieder?, durch die Katzenklappe zurück?, ins Haus?, frisches?, Fressen?, gibt's?, immer genug?, für uns?, alle?, zu trinken?, auch?

Ich bin eine vierjährige Katze, ein Weibchen. Wir sind zu dritt hier, meistens zu viert. Einer kommt ständig zu Besuch.

Ich rede gerne, miaue, besonders mit einem großen Tier, das uns streichelt und füttert. Ich heiße Nina.

Ich?, bin?, eine?, vierjährige?, Katze?, ein Weibchen?, wir sind?, zu dritt, meistens?, zu viert?, einer kommt?, ständig?, zu Besuch?, ich rede?, gerne?, miaue?, besonders?, mit?, einem?, uns streichelt und füttert?, ich heiße?, Nina?

REGINA FRANZISKA FISCHER

Weltkrebstag 4. Februar 2022
Wenn Gott uns trägt …

Auf der Stufenleiter „Krebs" mit all seinen leidvollen Erfahrungen und menschlichen Tragödien wissen sich unzählige Menschen.

So auch meine Familie und ich.

Mit einem dankbaren Glücksgefühl möchte ich anfangen: 15 Jahre wunderbares Leben wurde mir geschenkt von unserem Schöpfer, nachdem mein geliebter Vater und ich gemeinsam im selben Haus diese schwere Last ertrugen, mit Chemo und Bestrahlungen. Mein 80-jähriger Vater hatte Non-Hodgkin-Lymphome, ich meinen Brustkrebs, und beide erhielten wir gleichzeitig unsere Chemo.

Mein lieber Mann als Fels in der Brandung – eine Höchstleistung menschlicher Umsorgung als Chef eines Steuerbüros von 15 Mitarbeitern.

Unsere geliebte Mutter verstarb 1997 nach 10 Jahren Krebserkrankung; mit wunderbaren Abschnitten eines bejahenden Lebensgefühls zwischendurch. Von ihr hatte ich vieles an Tapferkeit, Mut und Durchhaltevermögen gelernt!! Als sie nach einer Kopfoperation ihre Haarpracht verlor, stand ich neben ihr … ihre Perücke machte sie noch schöner!

Mein Ehemann hatte seine liebe Mutter 1984 an Krebs verloren; im letzen Stadium Lungenkrebs nach wenigen Monaten. Therapien während dieser Zeit waren noch nicht ausgereift, Chemos schwer verträglich … 2001 verstarb sein lieber Vater an Darmkrebs.

Mein Schwager hatte seine eigene Tragödie, die mit 62 Jahren innerhalb eines Jahres endete. Geliebt und unvergessen!

Meine liebe Schwester hat diesen Schicksalsschlag auf ihre Weise tapfer angenommen ... in unendlicher Liebe seit 2013.

Unser priesterlicher Freund seit Jahren verstarb überraschend 2015. Vielleicht darf ich damit enden, dass wir niemanden kennen, den dieses Thema so geprägt hat wie unsere tapfere Familie.

Beispielhaftes Verhalten der Senioren
4. Februar 2022

Eine weitere Booster-Impfung für vulnerable Gruppen über 70 als immer wieder benannte Probanden für Mehrfachimpfungen lässt aufhorchen. Sind sie indirekt Versuchskaninchen der Stiko mit begrenzter Lebenszeit?

Wird immer wieder außer acht gelassen, dass gerade Senioren mehr als umsichtig in ihrem Verhalten gegenüber ihren Mitmenschen sind, ja beispielhaft für die jüngere Generation?

Dieser Leserbrief an die Neue Westfälische Zeitung, Bielefeld, erschien am Folgetag unter „Ihre Meinung".

BOOSTER gegen vierte Welle – NW 4. November 2021

Spezialkaugummis
als zusätzlicher Schutzwall

Überfüllte Fußballstadien, Schlager-Events mit schwindelnd hoher Zahl an beteiligten Fans, volle Straßenbahnen und das Drittel der Bevölkerung sprich Ungeimpfte mögen mit Ursachen für die anrollende vierte Welle sein.

Es ist fatal, der vulnerablen Gruppe von Senioren die 3. Auffrischimpfung wie ein Schokoladenherz zu verkaufen, denn gerade deren Immunsystem steckt im Winter bereits naturgemäß in einem Tief, das durch Boostern noch mehr geschwächt wird und zum Gegenteil führen könnte.

Es gilt, die vierte Welle zu durchbrechen.

Liebe Ärzte, wie wär's mit speziell präparierten Kaugummis als erstem Schutzwall?

Ein Vierteljahr später sind im „Institut für Klinische Forschung Pneumologie, Frankfurt" Testergebnisse des Covid-Gums veröffentlicht, die eine antivirale Wirkung nicht ausschließen ...

GURGELWASSER gegen Corona-Infektion als Vorsichtsmaßnahme

LÖSUNGGETRÄNKTE KAUGUMMIS

Obige Maßnahme wäre ergänzenswert durch „imprägnierte" Kaugummis, die stets in der Handtasche oder Hosentasche von Personen griffbereit wären und obige Schutzmaßnahme ergänzen könnten, wie ich es bereits vor Monaten den Medien als Laie mitgeteilt hatte. Es ist empfehlenswert, nach jedem Strohhalm zu greifen, der diese Pandemie Covid-19 in ihrem Ausmaß begrenzen könnte.

7. 1. 2021, Abdruck in der NW, Bielefeld, wenige Tage später

Thema Corona „Kaugummi senkt Ansteckungsgefahr ...": Diese sind nunmehr in Apotheken erhältlich.

Dieser Beitrag erschien bereits 2021 in der Anthologie „Die großen Themen unserer Zeit" im Frieling-Verlag.

MISSBRAUCH – Wer wusste was?
KIRCHE ALS
AUFFANGBECKEN DER LIEBE

Schweigen, vertuschen, lügen statt fehlender Barmherzigkeit den Missbrauchsopfern gegenüber

Wie lesen wir es in den Medien? Unbarmherzig mit den Opfern, barmherzig mit den Tätern.

Unserem em. Vertreter Gottes Joseph Ratzinger, sprich Papst Benedikt XVI. em., wird einiges abverlangt werden. Sein Wirken wird immer unvergesslich bleiben!

Dennoch: Kirchen werden sich noch mehr leeren, die sich eigentlich füllen sollten. Moralisch fehlverhalten, sollte sie jetzt erst recht jeden Einzelnen mit offenen Armen empfangen und zu einem Auffangbecken, getränkt mit der Liebe JESU CHRISTI, mehr und mehr werden.

Werden wir es schaffen, dass wir lieben, wo man hasst, dass wir verzeihen, wo schwer gesündigt wurde, wird Kirche Hoffnung wecken können, wo die Verzweiflung kein Ende findet? Wird Kirche sich hingeben, zugeben und neu in Christus geboren werden?

Kardinal Marx bekennt in den Medien, dass er sich schuldig gemacht habe, Betroffene übersehen zu haben. Er klebe nicht an seinem Amt, werde sich aber nicht vom Acker machen ... (Neue Westfälische, 28. Januar 2022)

VON MACHT UND MISSBRAUCH – Januar 2022

AMTSZÖLIBAT auf dem Prüfstand

Die tiefe Betroffenheit der katholischen Kirche bis zum Vatikan über den tausendfachen Missbrauch ist anzuerkennen, das Leid der betroffenen Opfer kann auch durch finanziellen Ausgleich und Bestrebungen einer System-Erneuerung mittels des Synodalen Weges jedoch nur gelindert werden, niemals ausgelöscht.

Der verpflichtende Amtszölibat für Priester, den Jesus nicht verlangt hat, gehört auf den Prüfstand. Die Kleriker der heutigen Zeit erreichen nicht selten ein ehrwürdiges Alter, bis zu dem die zölibatäre Lebensform der katholischen Kirche eingehalten werden müsste.

Jesus lebte jedoch nur 33 Jahre …

Dieser Beitrag wurde an das Erzbistum Paderborn, an die Deutsche Bischofskonferenz, Deutsche Bistumspresse und andere zur Kenntnisnahme gesandt.

Ende Januar 2022 wirft Kardinal Marx mit allen Bischöfen die Frage des Zwangs-Zölibats erneut auf und lässt auf Erneuerung – auch bezüglich des Synodalen Weges – hoffen.

MENSCH LEBT MIT SCHWEINEHERZ – 12. Januar 2022

DAS SCHWEIN WEITERES ERSATZTEILLAGER?

Als großartiger Erfolg und Riesenfortschritt wird die Transplantation eines gentechnisch veränderten Schweineherzens im Menschen gigantisch beleuchtet.

Ich stimme mit den Ethikern überein, dass zukünftig das Tier, hier das Schwein, zum weiteren Ersatzteillager für den Menschen werden könnte.

Vielleicht lernen wir wieder in kleinen Schritten unser Leben nach christlichen Grundsätzen zu gestalten.

„Die Worte ‚Man muss sterben' sind bitter. Dieser Bitterkeit folgt aber eine große Süße auf den Fuß. Denn das Sterben vereinigt uns mit Gott." (Franz von Sales)

Dieser Beitrag erschien tags darauf als Leserbrief unter „Ihre Meinung" in der Tageszeitung „Neue Westfälische, Bielefeld". Weiterer Verteiler: Vatican Magazin, Deutsche Bischofskonferenz, Deutsche Bistumspresse, Erzbistum Paderborn

BEATE GMIREK

Werde ein Held
oder Helden gesucht

Noch vor 150 Jahren
hat man kaum etwas erfahren,
was im Nachbarort geschah.
Man wusste das, was man auch sah.
Und durch den Mund-zu-Mund-Versand
auch mal ein Märchen schnell entstand.
Doch jetzt, durch die Modernität
ist man immer up to date.
Und ehe man es recht kapiert,
ist man selber registriert.

Bedrohlich, was in der Welt geschieht.
Man durch 'nen Mausklick alles sieht.
Da gibt es Katastrophen, Elend und Kriege.
Und Siege sind keine Siege.
Tier und Mensch in hohen Zahlen
erleiden endlos große Qualen.
Man will die kleinen Dinge richten,
während große uns vernichten.
Wie Fracking, CO_2 und die Atomkraft,
was mit Sicherheit ein Ende schafft.

Die Waffenlieferungen ohne Ende
bringen auch keine gute Wende.
Wir haben so viel Böses zugelassen.
Uns werden die Enkel dafür hassen.

Denn ist erst alles zerstört,
ihnen nur Schutt und Asche gehört.
Was bringt uns denn so weit?
Ist es Gier – die Machtbesessenheit?
Wir wissen's doch – wir schauen still zu
– UND LIVE AUCH DU.

Mit Sicherheit gibt's eine Kraft,
die alle Existenzen schafft.
Egal, wie wir sie auch benennen
und glauben ihr Gebot zu kennen.
Doch der Sinn des Lebens liegt hier unten
und ist nicht an den Tod gebunden.
Lohnt es sich noch auf Erden?
Will man noch geboren werden?
Wo bleibt bloß die Normalität,
unsre menschliche Qualität?

Und seid ihr nicht langsam Google satt?
– Das Leben findet draußen statt.
Wer hat nur über uns die Macht?
Für wen gehen wir in die Schlacht?
Und gehen sogar für sie töten,
leben für sie in größten Nöten.
NEIN – ehe wir alle verlieren,
müssen wir den Wahnsinn blockieren!
Noch können wir die Luft atmen, das Wasser trinken,
doch es fängt schon an zu stinken.
Ist der Hahn erst zugedreht,
ist es für alle längst zu spät.

Ach, nun gibt die Natur den Rest.
Für alle jetzt ein guter Test.
Sie gibt uns eine neue Not:
Das kleinste Tier uns stark bedroht.
Die Viren haben uns in der Hand.
Weltweit! Nicht nur in unsrem Land.
Und jetzt zeigt sich, wer was kann
– jede Frau und jeder Mann.
Lasst hohle Worte schnell verklingen
und uns nach hohen Zielen springen.
Sei ein Mensch, dem man vertraut,
der eine gute Zukunft baut.
Genug der Gier, des Menschenfeinds.
Nur Hilfsbereitschaft uns vereint.
Wir sind doch viele, habt den Mut.
Du wirst es sehen: ES WIRD GUT.

HANNELORE KARLS

Es war einmal Frieden in Europa

Putin hat lange daraufhin gedacht – gearbeitet!

Er wirkt zunächst – human? Er lässt Frauen und Kinder vor der gewaltsamen Übernahme fliehen. So könnte man denken, doch die Männer fühlen sich verlassen, kraftloser – sterben?! Auch freiwillig?

So kann sich Putin sein Ziel der Übernahme endlich erfüllen – und uns in Europa schädigen!

Unendlich viele Frauen und Kinder müssen versorgt werden. Platz muss geschaffen werden. Häuser gebaut.

Strom und Gas? – Leider haben wir uns von Russland abhängig – ja, abhängig! – gemacht!

Vieles wird nun wieder in meinem Geist sichtbar – ich bin sehr dankbar, dass ich 51 Jahre in Frieden hier leben durfte, durch den Freikauf 1971 aus der ehemaligen DDR.

Dieses Gefühl möchte ich „leben lassen", mir in Dankbarkeit bewahren, ohne Panzer und Militär!

In tiefster Demut für diese Jetztzeit.

Licht – Liebe möge uns sinnvolle Gedanken geben.

Doch auch dieses Thema könnte uns einholen und muss gesehen werden:

Die Gedanken sind frei!?

Ein Bericht aus dem Gefühl
der Elektrosmog- und Stromunverträglichkeit

Oder doch? Querdenker? – sind Denker! Denke ich an Querdenker, denke ich an Marie Curie.

Ein Bericht – oder ein Theaterstück:
„Wie erfühlen wir die Jetztzeit"

Die Weisen unserer Ahnen sagten: „Die Gedanken sind frei!" – Nein, das gehört nun auch leider der Vergangenheit an!
Wer schreit da auf: „Na so ein Quatsch?"

„Komm lass uns lieber die Sendung zu Ende …"
„Nee, lass doch mal – ich will das mal wissen, was der Blödmann für einen Quatsch ins Universum bläst!"
„Wieso sollen unsere …"
Der Film läuft weiter – aber er schaltet um.
„Dass unsere Gedanken frei sind, wurde nun zu einem Märchen der Vergangenheit" – hält eine kleine Pause, schaltet wieder um: „Mann, das ist ja erschreckend!"
„Halt doch mal dein Maul – ich will das jetzt wissen!"
Schaltet zurück –
„Alles ist Energie?" – „Ja!"
„Also auch unsere Gedanken?" – „Ja!"
Ich nannte zunächst diese neu entdeckten Dinger am Himmel – und hinterfragte: „Was machen die? Wieso ziehen die

immer die gleichen Bahnen – im etwa gleichen Abstand, zu etwa gleich bleibenden Uhrzeiten?"

Ich spürte immer öfter, wenn sie sichtbar waren, Unwohlsein – wieso? Kann das einen Zusammenhang bilden?

So hinterfragte ich das, für eine Zeit – bis es für mich zu einer deutlichen Wahrheit wurde, als ich schon nachts davon geweckt wurde.

Warum und wieso – was machen die am Himmel und wozu sind sie „eingesetzt"?

„Es sind Stromaufbereiter – Erzeuger, Umwandler – für all die Energien, die täglich in Unmengen für alles, was in der Jetztzeit für beispielsweise Laptops, Handys, Internet usw. verbraucht – ‚gebraucht' – wird!"

„So, und jetzt müssen wir alle gemeinsam denken – bitte denken Sie mit! Wie machen die das – und woher holen sie das, was in Energie für all diese Dinge, zu diesem Strom (diesen Strahlen) umgewandelt wird – und woher holen sie das? Woher?! Bitte denken Sie mit! Und jetzt seid ihr alle gefragt – denkt mit – denkt nach!"

Habt ihr alle mitgedacht? Wo kommt diese viele nicht natürliche – umgeformte – Energie-Strahlung her?

Oder anders – woraus wird sie umgeformt, erzeugt?

Habt ihr es herausgefunden? Nein?

Wisst ihr, dass es grobstoffliche und auch feinstoffliche Energie gibt? – Nein?

Was macht ihr jetzt? Ach, ihr googelt?

Und schon wieder braucht ihr diese Energie-Strahlung. – Schön, wie einfach!

Doch wo kommt sie in diesen Mengen her, die täglich dafür umgewandelt wird – woher?

Aus was wird die künstliche, umgewandelte Energie-Strahlung genommen?!?!?

Was ist feinstoffliche Energie? – Zum Beispiel: Gedanken.

Ach – da haben wir es zum Beispiel: „Gedanken und Gefühle – liebevolle, die aus dem Herzen kommen.

Und Energie – unsere Aura, um uns – und alles, alles, alles, was lebt auf dieser Erde, hat diese Energie.

Und wisst ihr, dass auch unser Wasser lebt?

Und auch das wird zu Strom umgewandelt, angezapft, verändert, bis es nicht mehr lebt – und ungesund ist!

Ihr sagt: „Nein, das ist nicht wahr!"

Ja! – Ich weiß: Keiner möchte jetzt denken und lieber ein Vogel Strauß sein – und sagen:

    „Das

     Ist

      Nicht

       Wahr!"

So kann man jetzt reagieren – nur wo führt es uns hin?

Unsere Gedanken sind frei!

Nein, ihr Helden aus der Vergangenheit! Das können wir nicht mehr hinausschreien!

Doch wer – wir? – wer wird es verändern?

Noch ein paar Worte zu:

Sind Tiere die besseren Menschen?

Tiere sind wunderbar.

Ich bin auf einem Bauernhof aufgewachsen, habe die Enten- und Gänseküken gehütet. Rief ich: „Hule hule – witt witt witt", schnatterten sie aufgeregt, mir entgegen rennend, die kleinsten „Flügelchen" benutzen wollend, um schnell bei mir zu sein – das ist Liebe pur!

Und mein kleiner Mischlingshund – ein liebevolles Wesen und auch kess! Ich lernte gerade in Biologie: „Tiere können nicht denken!" Als ich nur traurig meinen kleinen Hund ansah (und er alles in mir erfühlte, was ich dachte) und zu ihm sagte: „Stimmt's, Pummelchen, die haben keine Ahnung!", da sprang er mir freudig entgegen, und ich sagte: „Das muss unser Geheimnis bleiben!"

Nein, nicht die besseren Menschen – wir haben nur die größeren Möglichkeiten, Schäden anzurichten!

Charakterlich sind sie uns ebenbürtig.

Heinrich Lauinger

Rosa Luxemburg

Eine politische Tragödie (Auszug)

3. Teil, 7. Szene

Einstein: Wir müssen das ganz anders anfangen. Vielleicht sollten wir uns einmal von Astrologen beraten lassen, damit wir erstens uns selbst erkennen, unseren wirklichen Charakter sehen und dadurch unsere Chancen erfahren. Dann wird bestimmt alles besser!

Rosa: Das glaube ich aber nicht. Ich halte die Astrologen alle für Schwindler oder wenigstens Salbader, die über Dinge reden, die sie gar nicht verstehen und ihre Zuhörer erst recht nicht.

Trotzki: Es gibt genauso viele und bessere Wege zur Erfassung unserer Möglichkeiten und zur Offenbarung unseres wirklichen Wesens. Aber die zu finden ist natürlich sehr schwierig und erfordert viel Zeit, die wir nicht haben, weil wir sie für andere Dinge, die wichtiger sind, verwenden müssen.

Einstein: So verrinnt die Zeit und es geschieht nichts. Aber vielleicht ist es auch besser, wenn nichts geschieht. Dann machen wir wenigstens nichts falsch.

Rosa: Aber auch nichts richtig. Für was leben wir eigentlich? Es muss etwas geschehen, egal wie und wie es uns dabei auch immer geht!

Einstein: Zunächst muss Trotzkis Bein heilen. Er muss wieder voll einsatzfähig sein, bevor wir irgendeine Aktion unternehmen. Wir brauchen alle unsere Kräfte und daher müssen wir alle möglichst gesund sein!

Rosa: Ja, unser Kamerad Trotzki braucht Pflege, aber ins Krankenhaus wird er nicht gehen können, denn unsere Aktionen müssen geheim bleiben. Die könnten dort etwas ahnen und nachforschen.

Trotzki: Das darf auf keinen Fall geschehen. Lieber will ich mir so helfen.

Rosa: Und dir soll wirklich geholfen werden. Auch verstehe ich etwas von Krankenpflege. Und dein Bein ist ja wirklich nicht so schlimm. Das könnte ich schon schaffen, wenn ich die richtigen Hilfsmittel, etwa Verbandszeug und wirksame Medikamente, hätte. Dann wäre er bald gesund und voll einsatzfähig!

Einstein: Dafür wollen wir schon sorgen. Und es wird uns auch gelingen, meine ich. Leider stehen wir hier aber auf verlorenem Posten, wenn ich nicht meine physikalische, ach so abstrakte Relativitätstheorie der realen, ganz alltäglichen Wirklichkeit anpasse. Bei ihrem ständigen Auf und Ab, ihren zahllosen Überraschungen und ihrer farbenfrohen Buntheit ist das doch eine reizende Aufgabe, meine ich. Und ihre Lösung wird sich nicht nur für uns, sondern auch für die Allgemeinheit lohnen.

Trotzki: Für die Allgemeinheit braucht sie sich nicht zu lohnen, aber wenn sie sich für uns lohnt, so wäre das eine feine Sache und mehr als genug!

Rosa: Das ist doch krasser und höchst kurzsichtiger Egoismus. Solch eine anspruchsvolle und schwierige Theorie muss sich für alle lohnen!! Nicht nur in Deutschland, sondern vielmehr in der ganzen Welt. Sie muss alle Völker und Kulturen zum Heil, zur Genesung, zu Freiheit, Wohlstand und Glück führen!

Trotzki: Aber ob man solch eine Weltformel überhaupt entwickeln kann? Könnte hier vielleicht sogar unser glänzender und in der Weltgeschichte der Physik einmaliger Held Einstein scheitern, einfach weil das ein Ding der Unmöglichkeit ist?

Einstein: Nein, das ist kein Ding der Unmöglichkeit! So weit bin ich schon in meinen Forschungen und Berechnungen vorgerückt, dass ich das aus ehrlicher Überzeugung sagen kann. Alles andere ist nur eine Frage der Zeit und meines überlegten, konzentrierten Einsatzes, der allerdings nicht gestört werden darf. Sonst klappt das Ding nämlich nicht.

Rosa: Handelt es sich hier eigentlich um „das Ding an sich", die nebulöse und schwankende Grundlage der Philosophie von Kant? Wenn man hier auch nur einen Schritt weiter käme, wäre das doch schon ein großer Fortschritt, den nicht nur die Philosophen auf der ganzen Welt begrüßen und bestaunen würden, sondern bestimmt auch eine ganze Menge Laien, die sich für Philosophie interessieren.

Lenin: Ihr redet euch die Köpfe heiß wie die ehedem sehr berühmten abstrakten, aber im Lebenskampf völlig versagenden Philosophen. Wenn sie auch ständig von der praktischen Philosophie redeten, womit sie vor allem Ethik und Moral meinten, fanden sie sich im praktischen alltäglichen Leben nicht zurecht. Daher verzichtete Diogenes auf allen Komfort und war mit einem Fass als Unterkunft zufrieden, was er stolz als seine Philosophie der Bedürfnislosigkeit bezeichnete. Als ihn Alexander der Große deshalb bewunderte und ihm jeden Wunsch erfüllen wollte, sagte Diogenes nur: „Geh mir aus der Sonne!"

Wir wollen aber keine akademische, rein philosophische Revolution durchführen, sondern durch unsere realen Aktionen soll sich im Leben der Menschen tatsächlich etwas ändern und zwar vom Negativen zum Positiven. Wir wollen die Bürger nicht zu neuen, leuchtenden Weisheiten hinführen, sondern ihnen ein angenehmes und erfülltes Leben verschaffen mit mehr Freude und Glück als zuvor. Das ist doch ein lohnendes Ziel, für das man alles wagen sollte, meint ihr nicht?

Rosa: Sehr gut gesprochen, Herr Rechtsanwalt und Revolutionär! Mit dieser Rede vor einem bürgerlichen Gericht, natürlich einem dem Fall angepassten Inhalt, könnten viele Gangster vor dem Henker gerettet werden. Und das nicht nur in den USA, sondern vor allem im erzkonservativen „Old Germany"!

Einstein: Aber meine geplante Weltformel, die beinahe fertig ist, darf man auch nicht einfach zu den Akten legen. Die könnte die Grundlage eines absolut revolutionären Superstaates, der die ganze Welt umfasst, bilden!

Trotzki: Tolle Idee! Dann könnten wir sogar das Ziel der Weltrevolution ohne Krieg und Blutvergießen erreichen. Dafür wäre ich unbedingt, wenn ich auch dadurch auf die Bildung einer „Roten Armee" verzichten müsste, denn das hieße nur ein wirklich nicht notwendiges Übel vermeiden.

Einstein: Vielleicht könnten wir sogar mit einer technischen Version meiner Formel ein superschnelles Raumschiff bauen, das schneller fliegen kann als das Licht. Damit könnten wir Science Fiction Wirklichkeit werden lassen und eine ursprüngliche Sehnsucht der Menschheit erfüllen, nämlich sich über alle Grenzen bis ins Unendliche auszudehnen, um sich auf diese Weise nicht nur die Welt, sondern das ganze Weltall untertan zu machen.

Rosa: Das ist alles Quatsch, Spintisieren, Spinnerei, im besten Fall philosophische Traumtänze, aber nichts Brauchbares.

Lenin: Sie hat recht. So kommen wir nicht weiter. Wir müssen auf dem Boden der Realität bleiben. Wir müssen den Tatsachen in die Augen sehen, um diese zu bewältigen!

Trotzki: Aber es gibt gar keine Tatsachen! Alles ist ein bloßes Interpretationskonstrukt, so wie wir es fühlen und empfinden, wie unsere Sinnesorgane es uns vermitteln. Und diese können irren. Das weiß jeder.

Einstein: Potztausend! Jetzt ist der glorreiche Schöpfer der Roten Armee plötzlich unter die Philosophen gegangen. Wenn das kein Fortschritt ist, über den ich mich so sehr wundere, dass ich ihn fast als Wunder bezeichnen möchte, so weiß ich auch nicht weiter. Aber soviel ich verstanden habe, kann ich Unterstützung von ihm erwarten. Wenigstens indirekt. Und das ist schon etwas.

Rosa: Unsere glorreiche Revolution soll sich also in Luft auflösen, im blauen Dunst verschwinden, weniger bewirken als der Rauch einer Zigarette? Das kann und darf nicht sein. Wir müssen kämpfen und siegen. Dieses oberste, endgültige Ziel dürfen wir keineswegs aus den Augen verlieren, sonst haben wir vergebens gelebt!

Trotzki: Und am Ende doch zu unterliegen wie Napoleon! Was ist denn aus seinem glorreichen Kaiserreich geworden? Selbst die Eroberungen der Republik musste er nach vernichtenden Niederlagen, besonders in der Völkerschlacht bei Leipzig 1813, dann nach dem Einmarsch der Alliierten in Frankreich und der Eroberung von Paris 1814, nach der seine erste Absetzung und Verbannung auf die italienische Insel Elba erfolgte und schließlich seine endgültige Niederlage 1815 bei Waterloo durch Wellington und Blücher, herausgeben. Übrigens hat erst der Angriff der Preußen in der Dämmerung die Schlacht entschieden, denn Wellington konnte sich kaum noch der ständigen und heftigen französischen Angriffe erwehren, die schon seit dem frühen Morgen andauerten, und dachte schon an Flucht, als er rief: „Ich wollte, es wäre Nacht, oder die Preußen kämen!" – Und die ka-

men dann auch tatsächlich, wie durch ein Zauberwort geru-
fen. Besonders bewundernswert ist dieser Einsatz, weil die
Preußen zu Beginn der Schlacht von Napoleon in die Flucht
geschlagen wurden. Sie bildeten die Nachhut des englischen
Heeres, und Wellington wurde dadurch der Rückendeckung
beraubt, was ihn in große Schwierigkeiten stürzte.

Lenin: Und schließlich musste der große, kleine Held seinen
traurigen Lebensabend auf der südatlantischen Insel Sankt
Helena verbringen. Das ist das Ende vom Lied. Klingt doch
wie ein Märchen, oder nicht?

Trotzki: Im Grunde hat unser Chefideologe schon recht, aber
nicht ganz. In der Geschichte muss man schon ins Detail
gehen, sonst versteht man vieles falsch. Und das kann
schlimme Folgen haben.

Einstein: Ihr wisst offenbar nicht, dass seit einigen Tagen die
„Spanische Grippe" in Berlin umgeht. Die hat schon viele
Todesopfer gefordert. Sogar ein recht prominentes, nämlich
den berühmten deutschen Soziologen Max Weber, der im
Alter von 60 Jahren daran gestorben ist. Das bedeutet nicht
nur einen schmerzlichen Verlust für die Wissenschaft, sondern einen ebensolchen für die Politik, denn viele Menschen
in Deutschland hofften, er könnte durch seinen Einsatz ihre
Not wesentlich lindern. Aber wie der erfolgen sollte, davon
scheint kaum jemand eine Vorstellung gehabt zu haben.

Rosa: In einem Boulevardblatt habe ich gelesen, ein berühmter
spanischer Architekt namens Gaudí soll sie eingeschleppt
haben, wodurch die verderbliche Seuche auch den Namen
„Spanische Grippe" erhalten habe. Aber das ist natürlich
überhaupt nicht sicher, denn jeder weiß doch, was diese
Blätter alles zusammenlügen, um für ihre Leser packende
Sensationen zu schaffen, was natürlich die Verkaufszahlen
enorm erhöht. Und darauf kommt es schließlich an!

Einstein: Dieser spanische Architekt Gaudí wurde in der Presse schon als „der Leonardo da Vinci des 20. Jahrhunderts" bezeichnet. Aber ich weiß nicht, ob er sich zuvor selbst so genannt hat oder ob er von anderen zuvor so bezeichnet wurde.

Rosa: Was treibt der eigentlich in Deutschland? Soll doch in Spanien bleiben und dort seine Häuser bauen!

Trotzki: Der baut keine Häuser, sondern eine Kathedrale, die er der Heiligen Familie, also Joseph, Maria und Jesus, widmen will. Sie soll den Namen „Sagrada Família" erhalten. Er ist der Ansicht, dass die Familie, nicht das Individuum die Grundlage einer jeden Gesellschaft und damit des Staates bildet, womit er eigentlich recht hat. Aber er unterscheidet sich von uns in der Entwicklung und den Zielen dieser Gesellschaft. Nach seinem Willen und dem der spanischen Regierung soll es die schönste Kirche der Welt werden mit zahlreichen Türmen und viel Ornamentik.

Einstein: Was für einen Baustil will er verwenden oder verwendet er schon?

Trotzki: Es soll ein gotischer Dom werden, etwa so wie der Kölner Dom oder das Freiburger und Ulmer Münster. Der Turm soll allerdings erheblich höher werden als beim letzteren, das den höchsten Kirchturm Deutschlands hat. Man redet von etwa 200 Metern Höhe.

Einstein: Warum denn nicht gleich 300 Meter oder mehr. Dann könnte man mit dem Eiffelturm konkurrieren.

Trotzki: Das wäre eine gute Idee. Warum Gaudí nicht darauf gekommen ist, weiß ich auch nicht. Vielleicht traut er sich die statische Berechnung eines solchen Turmes nicht zu. Und einen anderen Architekten oder Statiker beauftragen will er auch nicht, denn dafür ist er zu ehrgeizig. Natürlich spielen auch die Kosten eine Rolle. Leider ist er über die

Fundamente noch nicht hinausgekommen, weil das nötige Kleingeld fehlt. Das will er hier sammeln.

Rosa: Ausgerechnet in Deutschland und dazu noch in Berlin! Hier ist doch die Not am größten. Er scheint überhaupt nicht informiert zu sein, was mich eigentlich wundert, denn ich halte ihn für einen intelligenten Menschen.

Trotzki: Du kannst mit deiner Ansicht recht haben, und er glaubt, in Deutschland gäbe es jetzt mehr Milliardäre als Hunde und Katzen! Wo doch schon 1 Laib Brot 10 Millionen Reichsmark kostet!

Rosa: Ja das stimmt. Im Rechnen scheint er schwach gewesen zu sein, dafür umso besser im Schwatzen. Damit hat er diesen Mangel mehr als wettgemacht. Und natürlich im Zeichnen und Entwerfen. Darin ist er ein wahrer Meister, wenn nicht gar ein Genie. Das bestreite ich nicht.

Einstein: Dieser Gaudí verbreitet hier eine Gaudi, aber eine absolut reziproke und kontroverse. In der Charité sind schon alle Betten mit Seuchenopfern belegt; in den Gängen haben sie so viele aufgestellt, dass man kaum noch durchkommt. Wie viele Patienten schon gestorben sind, weiß niemand. Man transportiert die Toten einfach ab, ohne eine Statistik zu führen und diese zu registrieren. Dafür habe man keine Zeit. Das sagen sie übrigens in allen Krankenhäusern.

Rosa: Man sollte dem Gaudí alle Taschen mit Geldscheinen vollstopfen, ihn in ein Flugzeug setzen und nach Barcelona zurückfliegen. Deutsches Geld ist ohnehin nichts mehr wert.

Trotzki: Trotz dieser entsetzlichen Pandemie dürfen wir aber unser Ziel nicht aus den Augen verlieren. Wir müssen alle diesbezüglichen Vorschriften einhalten, um ja nicht aufzufallen. Sonst kommen sie hinter unsere Schliche und erraten unsere Pläne ohne Verräter. Dann sind wir verloren und unsere Revolution ist zu Ende, bevor sie richtig begonnen hat.

Und das wäre doch ein großes Unglück, nicht nur für uns, sondern für Deutschland und die ganze Welt, meint ihr nicht?

Rosa: Kamerad Trotzki will die Revolution retten! Und da bin ich ganz auf seiner Seite, was ich von euch auch hoffe!

OLAF LÜKEN

Der erfundene Prolet

Die deutsche Wirtschaftsgesellschaft scheint heute unfähig, trotz hoher technischer Standards zusätzlichen sozialen Fortschritt zu generieren. Der Wohlstand für die Allgemeinheit sinkt ständig. Wie denn auch, wenn in einer globalisierten Wirtschaft Geiz geiler ist und geistige Werte, wie soziale Tugenden, auf dem Komposthaufen bundesrepublikanischer Geschichte landen. Unübersehbar sind die allgemein fehlenden Aufstiegschancen und Zukunftsperspektiven, die einhergehen mit einer zunehmenden Ungleichbehandlung in weiten Bereichen der Gesellschaft. Dienten früher die Eliten dem allgemeinen Fortschritt einer Nation als Professoren, Flugkapitäne, Ärzte, Generäle, Architekten usw., finden wir sie vorrangig bei den Banken und Versicherungen, um deren Einnahmen ins Unendliche zu steigern.

Ernüchterung, Entmutigung und Ermüdung der einst Lernwilligen sind das Ergebnis. Und das in einem Land, das den Ökonomiegedanken zur gesellschaftlichen Norm erhoben hatte und in dem die ehemalige Kanzlerin einst das Wort von der marktkonformen Demokratie erhob. Bis zur marktkonformen Kultur wird es nur ein kleiner Schritt sein. Blicken wir nach China. Dort unterwirft sich das Volk einer gelebten Konformität. Wer dem staatlich definierten Volkswohl nicht frönt, fällt auf und darf sich einer besonderen Beobachtung und Behandlung sicher sein. Wusste die Exkanzlerin nicht, dass ihr einstiges Land seit Jahren dabei ist, seine letzten Tugenden aufs Spiel zu setzen? Ist Deutschland nicht eine Art europäische USA und eine Art Kunterbuntcountry für die Mehrheit im Staat geworden? Sitzen wir nicht da wie vereinsamte Champagnerkorken vor der großen Flut? (Eugen Drewermann)

In Zeiten zunehmender Ungleichbehandlung erwächst bei vielen Menschen der Wunsch, dass Klassengegensätze nicht auch noch kränkend und für alle sichtbar abgebildet werden. Ihre Sinnstifter, Macher und Manipulateure bedienen seit Jahren ein Publikum, das nicht zur Individualität herangezogen wurde. Die Alternative? Deutschlands junge Konsumenten werden in einer Wohlfühl-Atmosphäre, ja Never-ending-Partylaune gehalten. Dauerunterhaltung und eine medial betreute Fürsorge für den Nachwuchs der Pamper-Generation. Als Konsequenz daraus ergibt sich ein schleichender Freiheitsverlust, als Preis für die Nichtverwirklichung persönlicher Karrierewünsche und Ziele.

War Bildung früher ein allgemein hochgeachtetes Gut, so gilt heute ausschließlich jener Erfolg, der auf dem Bankkonto sichtbar wird. Hast du genügend Geld, dann bist du auch ein entsprechend anerkannter Teil der Gesellschaft, wenn auch kein Zugehöriger der Bildungselite, die sich seit Jahren anschickt, endgültig aus der Geschichte zu verschwinden. Heute heißt das Mantra: Wachstum, Wachstum, Wachstum. Gestern hieß der Leitsatz noch Bildung, Bildung, Bildung. Wer daran zweifelt, erinnere sich an den merkelschen Lehrsatz: „Wir schaffen das!"

Der Wunsch nach sozialer Gleichmacherei wurde zuerst von der Medienindustrie aufgenommen, bedient und elegant befriedigt. Werbeaussagen finden heute selbst auf dem Laufsteg statt. Achten Sie einmal auf die Antworten, wenn deutsche Stars und Sternchen vor laufender Kamera nach ihren privaten Wünschen befragt werden. Da antwortet nicht das Idol zum Publikum, sondern die Nachbarin zur Nachbarin. Immer persönlich, immer nah, lebensecht und nachbarschaftlich wohl vertraut. Die gute Freundin von nebenan. Für ABC-Promis sind selbst banalste Dinge immer einen Tweet wert. PR ist Öffentlichkeitsarbeit, mit der ein Star für Produkt und Marke unaufgefordert Werbung betreibt. Die möglichen Antworten auf Fanfragen werden zuvor antrainiert und wirkungsvoll in Szene gesetzt. Das Motto? Sprich Gutes und kreiere aus Bedürfnissen konkrete Wünsche (Nachfrage).

Public Relations kannte die Welt schon vor hundert Jahren als Propaganda (schreiende Werbung!). Propaganda klinkt sich leichtfüßig in die neuronalen Netzwerke unserer Gehirne und öffnet damit Tür und Tor für die Manipulation der Massen. Propaganda, Reklame und Werbung sind Waffen in Händen derer, die die Öffentlichkeit täuschen, austricksen, lähmen und vor allem fremd-bestimmen wollen. Werbung flüstert den Menschen Tag für Tag ein, dass sie Geld sparen, wenn sie besonders viel davon ausgeben. Propaganda erinnert uns an ihre einstigen Protagonisten, die Hitlers, Goebbels und Steichers. Heute sind es Politfiguren wie Trump oder Bolsonaro. Zu den weltweiten Fremdbestimmern gehört zweifelsfrei die Medienindustrie, die sich vor allem dem Entertainment der Jugend widmet.

Ihren Machern ist es inzwischen gelungen, das Bild vom Bürger mit Vorbildfunktion nachhaltig zu verkitschen. In den Medien sitzt seit Jahren der Stand-up-Comedian als Star auf dem Altar eines zeitgemäßen Menschenbildes. Zu den vielfach Umjubelten gehören Ego-Charaktere wie Mario Barth, Guido Cantz, Oliver Pocher, Atze Schröder und ähnliche Witzbolde. Dieser Riege folgen sprachprollige Soapfiguren wie die Geissens, Wollnys und Reimanns. Wer von ihnen nicht genug bekommen kann, klickt sich ins Dschungel-Camp, schaut beim Bachelor zu oder lenkt sich beim Frauentausch oder beim Trödeltrupp ab und schaut zu, wie das ganze Land mit DSDS Jahr für Jahr den Superstar sucht und Heidi Klum bei GNTM ihre klapprig-dürren Geschöpfe über den Laufsteg jagt. Solche Shows sind ebenso grotesk und nervtötend wie das unendliche Kochgequatsche bei Lafer, Lichter und Poletto. Und, hätten wir von dieser Blödelscheinwelt nicht genug, gibt es, quasi als Edelkirsche obendrauf, „Bares für Rares" – mit Zwiebelschnauz Horst Lichter. Von diesen sogenannten Stars werden wir an- und zugelächelt, belogen, betrogen, getäuscht und verarscht. Heiter und mit Musik (Ingeborg Bachmann). Wir verplempern für Politiker, Börsenonkels, Fußballheroen und sonstige Soap-Entertainer täglich wertvolle Lebenszeit.

Der Inbegriff des Filmschauspielers – als Vorbild für unsere geistig arme Gegenwart –, ist der amerikanische Darsteller Bruce Willis, vielen bekannt in seiner Rolle als New Yorker Underdog-Polizist. Immer ein Haudrauf und „Motherfucker"fluchender Held. Er besticht durch sein muskulöses Gehabe und bewegt sich absolut geschmacksneutral durch die Häuserblockszene. Er trägt einen Kapuzenpulli, ein T-Shirt und fläzt sich breitbeinig in der Rolle des unrasierten Randalierers durch die Szene als Markenidol der urbanen Unterschicht.

Erinnern Sie sich noch an die Edelkommissare Horst Tappert oder Erik Ode? Das war einmal. Abgelöst wurden sie vom halb verwahrlosten Kommissar und ewiggestrigen Junggesellen Horst Schimanski aus Duisburg-Ruhrort und seinen ebenfalls recht prollig anzusehenden Nachfolgern. Eleganz im Kostüm deutscher Ordnungsmacht schöpft schon seit vielen Jahren Verdacht. Unsere Ideale verkörpern Sozialabsteiger auch vom Schlag eines Georg Wilsberg. Der einst studierte Jurist und Rechtsanwalt verlor Beruf und Berufung und arbeitet heute in Münster als Schnüffler (Detektiv) und Buchantiquar, um finanziell überleben zu können.

Denken wir an den einzel- und draufgängerischen Kommissar Thiel, einen Ex-Sankt-Paulianer aus Hamburg, den es mit

Vaddern nach Münster verschlagen hat. Thiels Liebe gehört den Fußballern von Sankt Pauli. Thiels Vadder ist ein in die Jahre gekommener Taxifahrer mit Junkie-Erfahrung. Seinen Antipoden erleben wir im schrulligen Professor Dr. Dr. Karl-Friedrich Boerne, Rechtsmediziner, Narzisst und Lebemann mit leicht deutschtümelnder Attitüde. Boerne ist der Anti-Akademiker schlechthin, den privat niemand kennen will. Vergessen wir nicht die neurotische und ständig paffende Staatsanwältin Wilhelmine Klemm. Beide, Wilsberg und Thiel, werden dem Fernsehzuschauer als die wirklichen Underdogs einer Gleichmacher-Industrie vorgestellt. Endlos-Bespaßung über einzelgängerische Nobodys.

Paradoxerweise haben heute (2022) 43 Prozent der Schulabgänger ein Abitur. Die Mehrheit studiert. Ein knappes Drittel verlässt die Uni aus unterschiedlichen Gründen. Der Nachwuchs muss auch in diesen harten Coronatagen lernen oder studieren und entsprechend funktionieren. Und was kommt danach? Wie steht es um die Karriereaussicht für Jugendliche aus einfachen Familienverhältnissen? Ich denke, gar nicht gut. Es sei denn, Vati und Mutti verdienen gutes Geld und haben beste Beziehungen zum Umfeld ihres Kindes. Und was verkauft uns die Medienwelt?

Gepflegt wird in den Medien das Bild eines Menschen, der stolz, unbehauen, vor allem kulturfern und erdverbunden ist. Der Mann ist relativ jung, ein wenig grobschlächtig, agiert mit aufgekrämpelten Ärmeln und gestähltem Bizeps. Abgebildet wird das Ideal eines edlen Wilden, der von der Zivilisation weder erobert noch verdorben werden konnte. Ungebildet, unverbildet und ungeschlacht. Der Prolet als Sieger der Geschichte. Immer kerngesund und zeugungsfähig. Was aber soll uns der ganze Mummenschanz vom ewig edlen Menschen sagen? Aus dem Malocher längst vergangener Zeiten ist inzwischen ein IT-

Spezialist geworden. Auch die Frau ist kein dekorativ anzu-schauendes Mäuschen mehr, das sich jederzeit den stets poten-ten Wünschen ihres Herrchen freudig unterwirft.

Fazit: Wir erleben seit vielen Jahren die dunkle Seite einer von den Medien einst so hochgelobten Wissensgesellschaft. Der Aufstand richtet sich heute gegen die Zumutung lebenslan-gen Lernens. Sie geht einher mit einem gefühlten Erfolgs- und Bildungsterror, ohne staatliche Zusage auf Karriere und materi-elle Absicherung. Der noch anfängliche Unmut in der Bevölke-rung steigert sich bis zum Hass auf alle Intellektuelle. Und weil Gott für viele tot ist, sind wir auch in Glaubensfragen um vieles ärmer geworden. Unsere Welt ist so vulgär wie der verbeamtete Kommissar, der von der Öffentlichkeit zum Underdog stilisiert wird. Vulgär wie die Atzes, Marios, Lafers und Lichters, die von den Medien dafür bezahlt werden, dass sie sich – zusam-men mit den Fußball-Idolen – als unsere Freunde anbiedern, was sie nicht sind und zu keiner Zeit waren.

Die neuen Götter in Weiß

„Schneiden Sie Zwiebeln, Knoblauch, Karotten und Sellerie in feine Stücke und dünsten Sie das Ganze in Olivenöl an!" – Wir befinden uns mitten in der Kochshow „Küchenschlacht". Deutschland im Koch- und Essfieber. Wohin man auch guckt, in Magazinen, Zeitschriften und Zeitungen, im Fernsehen sowieso – überall ist nur vom Essen die Rede. Essen, Trinken, Kochen, Brutzeln – Deutschlands Gaumenkontakter suchen die perfekte Harmonie auf dem Essteller. Das Glück der Menschheit scheint heute davon abzuhängen, ob wir die richtige Herdplatte haben und wissen, wie man Zwiebeln schneidet. Eine Welle von Belehrungen über modernes Essen ist über uns hereingebrochen. Also weg von der Erbsensuppe und hin zum Kaisergranat in Safransauce oder zur Jakobsmuschel in der Mohnkruste, garniert mit weißen Albatrüffeln – aus dem Piemont. Wohlgemerkt.

Es ist zum Tütenaufreißen. Eine Horde von Fernsehköchen, die neuen Götter in Weiß, propagiert den Spaß beim Essen und beim Degustieren. Erfülltes Leben findet nicht am Familientisch statt, sondern beim Kartoffel-, Gurken- und Karottenschälen. Wir werden Opfer einer Zwangspsychose, bei der der davon Befallene glaubt, kochen zu können oder kochen lernen zu müssen. Kochen wird heute als krönender Akt der Schöpfung zelebriert, und das Um-die-Wette-Schnippeln gilt in deutschen Fernsehstuben als schicker und trendiger Leistungssport. Dauerbespaßung, wohin das Auge reicht.

Besonders peinlich wird es, wenn der Fernsehkoch sein Studiopublikum penetrant zum Klatschen auffordert und jeden noch so dämlichen „Kochfurz" zum Eventereignis erklärt. „Wenn die Suppe schön am Mund läuft", dann haben wir bald Weihnachten. Kann es sein, dass auch „Dummheit" ein Wunder der Schöpfung ist?

Paradoxerweise wird in deutschen Haushalten immer seltener gekocht, so die Umfragen der letzten Jahre. Man wärmt Vorgekochtes auf oder geht gleich zum Schnellimbiss. Die Schule des guten Geschmacks, der Familientisch, existiert kaum noch. Die Kinder, mit Nutella, Fritten und Ketchup plus Limo abgefüttert, sind auf Jahre für den kulinarischen Genuss verdorben. In der Erwachsenenwelt rangiert Genuss weit hinter der Vorstellung, dass Geiz ungleich geiler ist.

Kein Wunder, wenn die von Politik und Medien festgestellte Unterschicht gutes Essen für ein Luxusgut hält, das mangels Geld nicht bezahlbar ist. Unsere im Fernsehen vorgespielte Esskultur entspricht keineswegs einem Massenbedürfnis nach besserer Produktqualität, sondern ist lediglich Ausdruck dafür, dass Kochen zu einem Statussymbol einer immer kleiner werdenden Mittelschicht geworden ist.

Die Qualität unseres Essen findet nur dann Eingang in die öffentliche Diskussion, wenn sie das Angst-Thema „Gesundheitsgefährdung" berührt. Dann gerät eine ganze Nation in Panik, und die deutsche Küche ist von Pestiziden, Herbiziden und Fungiziden umzingelt. Aus Angst vor Seuchen sind wir fast zu Vegetariern geworden.

Und es gibt noch dieses meist überflüssige Zubehör an Messer-Bänken aus dem Designstudio, das hundertste Buch über Olivenöl und Essigvarianten, Pfeffer- und Salzsorten und den ganzen dekorativen Krimskrams, den niemand wirklich braucht, der aber überall angepriesen wird, als hinge von seinem Besitz der Aufstieg des Käufers in die Gourmetklasse ab. So kann Otto Normalverbraucher, der übrigens eine Marketing-Erfindung wie Markus Möglich ist, sich ins Establishment hineinkochen. Erinnern Sie sich noch an Otto, den Normalverbraucher?

Niemand kann uns bei der Lust übertreffen, die das Auffinden passender Produkte macht. Die Suche nach dem richtigen Lammfleisch kann mühsam sein, aber war sie erfolgreich, ist der Gewinn unendlich größer. Um ein herrliches Menü zu servieren, stehe ich auch mal drei und mehr Stunden in der Küche. Aber es sind Stunden voller Freude auf eine Mahlzeit, deren Aroma kein Chemiker und kein Verpackungskünstler beeinflusst hat. Aber wenn wir uns nicht vorsehen, werden sie trotzdem die Oberhand gewinnen, die Massenproduzenten und Geschmacksingenieure. Unter der glitzernden Oberläche ihrer Versprechungen halten sie alle Maßnahmen bereit, mit denen sie uns bei unserer Bequemlichkeit packen und uns zur Sünde verführen.

GÜNTHER MELCHERT

Ein einsamer Engel versucht, aus seinem Glashaus auszubrechen

– basierend auf einem Erzählstrang von Helga Wohlfromm,
den diese leider nicht mehr verknüpfen konnte und
dessen Fäden ich weiterspinnen durfte –

Vorwort

Nur wenige Seiten dieser Erzählung der Autorin Helga wurden mir zugänglich gemacht und selbstverständlich von mir integriert. Alles Weitere ist mündlich überliefert und stellt eine Kooperation zwischen der im Jahr 2016 in der Schweiz leider verstorbenen Helga und meinen Interpretationen und Vorstellungen als Entwicklung ihres spannenden Plots dar.

Nach Helgas Idee gerät ein hochsensibler schwarzhaariger Engel in einem weißen Gewand auf die Erde und plagt sich mit der Frage, welche Aufgabe er hier erfüllen soll. Der Engel wird mehrfach von Helga Engelin genannt. Um darüber hinaus jeden Zweifel am Geschlecht des Engels und von Verwechslungen auszuschließen, nenne ich den bisher namenlosen Engel Bianca.

Erheblich beeinflusst wird Bianca durch ihre Versuche, ihre vermisste Schwester ausfindig zu machen. Dass die Schwester permanent ein auffälliges rotes Kleid trägt, könnte Biancas Suche erleichtern und hat mich beeinflusst, zumal Helga auch dieser Schwester keinen Namen gegeben hat, sie Scarlotta zu taufen, abgeleitet von Scarlet. Leider wurde diese Schwester von Helga mir gegenüber – respektive unserer Literaturgruppe gegenüber – zunächst nur mündlich erwähnt, ist aber immens wichtig für den Verlauf der Handlung. Da die Schwestern einander sehr stark ähneln – nicht nur äußerlich –, was zu erwähnen unabdingbar ist, habe ich ihnen den Status von eineiigen Zwillingen verliehen.

Helgas vorliegende Typoskriptseiten ergeben schlüssig Biancas Aufgabe auf Erden. Diese behalte ich vorab für mich, um die Spannung aufrecht zu erhalten, vor allem für Helgas Enkelinnen, denen sie diese Geschichte gewidmet hat – neben vielen anderen Geschichten, diese Geschichte vom Versuch eines Engels, aus seinem Glashaus auszubrechen, jedoch mit gewachsenem Anspruch und Umfang. Die Überschrift spiegelt die Entwicklung des Engels wider, ohne springende Punkte vorwegzunehmen.

Leider empfand Helga die Bedeutung der Aufgabe ihrer Engelin auf Erden als undurchsichtig, außerdem hatte Helga nur vage Vorstellungen von Scarlottas Einfluss und Mitwirken, sodass sie die weiße Fahne hissen wollte. Das rief mich auf den Plan. Von dem Stoff sehr angetan, bestürmte ich Helga weiterzumachen – zunächst leider vergeblich.

Da Helgas fantasie- und anspruchsvolle Story mir trotzdem oder gerade deswegen nicht aus dem Kopf ging, um nicht zu sagen, mir unter den Fingernägeln brannte, bot ich ihr an, mich selbst dieses Stoffes anzunehmen, auch, um ein gemeinsames Produkt zu schaffen, zumal sie mich in meinen Erzählungen mehrfach ermuntert hatte, und so war Helga mit meiner Übernahme einverstanden, zumal die Geschichte weiterhin ihren Enkelinnen zugutekommen sollte …

Da ich das Manuskript verlegt hatte, stand ich zunächst vor dem Konflikt, die Story gänzlich neu zu gestalten, hatte aber Skrupel, da ich den Stoff unserer Kollegin Helga nicht verfärben oder sogar verderben wollte.

Hin und her gerissen zwischen den mutmaßlichen Absichten Helgas und meinen Überlegungen, kam mir schließlich der Umstand zu Hilfe, die ominösen verschollenen Seiten in meinen Unterlagen zu entdecken, und nun hatte ich die Voraussetzungen dafür, die Arbeit aufzunehmen, zumal ich inzwischen eine Idee entwickelt hatte, wie ich Biancas Schwester im roten Kleid in Helgas Sinne in die Story integrieren könnte.

Aus Biancas Verhalten und Äußerungen ist davon auszugehen, dass sie zunächst unbedingt auf der Erde bleiben wollte, um wie erwähnt ihre Schwester aufzuspüren. Die Aufgabe, Bianca und ihre Schwester Scarlotta zusammenzuführen, erschien mir zunächst als schwierig, nebulös und zwanghaft; sie ließ mich jedoch nicht los und schien dann unverzichtbar. Schließlich fügte sich alles ineinander wie ein Puzzle ...

Nach Fertigstellung habe ich die Erzählung als Typoskript Helgas Familie zukommen lassen. Die Familie kannte diese Erzählung noch nicht, entsprechend kannte sie auch nicht die Vereinbarung zwischen Helga und mir und deren Absicht, diese Erzählung ihren Enkelinnen zu widmen. Umso überraschter, aber auch irritiert, reagierte die Familie, zumal nach so langer Zeit, was verständlich ist.

Mittlerweile haben wir uns miteinander abgesprochen, auch hinsichtlich meiner hier vorliegenden Präsentation, zumal mir zwar der Löwenanteil des Umfangs zukommt; aber die ursprünglichen beiderseitigen Ideen, wichtiger als der Umfang, haben sich sinnvoll miteinander verknüpft, wie sich im übertragenen Sinn auch die Schwestern miteinander verbunden haben. Das ergibt sich auch aus Vorwort und Nachwort.

Die Widmung werde ich handschriftlich in Belegexemplaren vollziehen, sobald der Sammelband im Rahmen des Leitgedankens des Verlages „Die großen Themen unserer Zeit" erschienen ist. Da Helga der Geschichte noch keine Überschrift gegeben hatte, habe ich dies nachgeholt und hoffe, dass sie angemessen ist: „Ein einsamer Engel versucht, aus seinem Glashaus auszubrechen ..."

Die Vorgeschichte erfasst eine schwierige Ausgangslage: Helgas Erzählung beginnt mit der Geburt von Jesus. Helgas Engel ist Augenzeuge am Tage X, verfängt sich jedoch in ihrer Aufregung in einem Dickicht. Der verletzte Engel wird von einem Hirten geborgen, mit heimgenommen, und es stellt sich übergangslos heraus, dass jedes künftige Geschehen in der Gegenwart spielt. Um eine lineare Geschichte aus diesem Stoff zu basteln, unterstelle ich „meinem" Engel Bianca von Beginn an, unfallbedingten erheblichen Gedächtnisschwankungen ausgesetzt zu sein, worüber sie später intensiv nachdenkt, sodass sie diese angemessen einordnet.

P. S.: Nachdem ich längst meine Arbeit begonnen hatte, entdeckte ich noch eine halbe, dennoch brisante DIN-A-4-Seite von Helga – mit Biancas Schwester im Mittelpunkt und etlichen literablen Anregungen, die sich vorzüglich einfügen ließen und dem Stoff so guttaten, dass Schwester Scarlotta von nun an organisch in die Geschichte eingebunden ist und ihr die ihr zukommende Bedeutung zuteil wird, was sich später ergibt …

Wenn Literaturschaffende in einem Text eine für das Geschehen wichtige Person ankündigen, laufen sie Gefahr, dass diese Person, sobald sie mitwirkt, die Erwartungen, welche die Leserschaft an sie knüpft, nicht erfüllt. Ich hoffe, dass Helgas Engel Scarlotta nicht zu kurz kommt und schon gar nicht an den Erwartungen scheitert.

Als Überleitung ein zum Schmunzeln geeignetes Beispiel aus der Weltliteratur: Der irische Dramatiker Samuel Beckett schrieb 1952 das berühmt gewordene burleske Schauspiel „Warten auf Godot". Der Clou: Die Zuschauer warten bis heute vergeblich auf das Erscheinen von Godot. Aber ich spanne die Lesergemeinde nicht auf die Folter, bis Scarlotta erscheint …

Nun endlich die mehrfach angekündigte Erzählung:

EIN EINSAMER ENGEL VERSUCHT, AUS SEINEM GLASHAUS AUSZUBRECHEN

Es geschah an einem 23. Dezember … (*Helga machte keine Angabe zum Jahr und suggeriert den Lesern, es könnte sich um das Geburtsjahr von Jesus handeln, also um das Jahr null.*)

Ein Hirte kümmert sich um einen Engel

Soeben hatte Erzengel Gabriel den Hirten seine Botschaft von der Geburt des Heilands verkündet, da breitete die Engelschar die Flügel aus und entschwand den Blicken der Hirten. Allmählich erlosch auch das himmlische Licht. Trotzdem blickten die Hirten immer noch zum Himmelszelt. Sie waren verwundert, weil sie immer noch nicht wussten, ob das, was sich vor ihren Augen abgespielt hatte, tatsächlich geschehen war – oder ob sie geträumt hätten.

Plötzlich hub der älteste der Hirten seinem Nachbarn gegenüber gedämpft zu sprechen an: „Horch! Da raschelt etwas im Gesträuch, das, nach dem Geräusch zu urteilen, nicht dahingehört."

Es ruckelte und zuckelte zwischen den Tannen. Dann merkten sie, dass dort ein Geschöpf hockte. Hatte etwa ein Engel schlafmützig seinen Abflug verpasst?

Der alte Hirte näherte sich behutsam und bemerkte tatsächlich einen Engel, der sich zu befreien versuchte. Aber vergeblich; anscheinend hatte er sich mit einem Flügel in einer Tanne verfangen. Vorsichtig näherte sich der Hirte und löste den rechten Flügel aus dem verfilzten Gestrüpp, zumal er sich Vorwürfe machte, dem Engel Unrecht getan zu haben. Der Engel war nicht eingeschlafen. Als er den Engel genauer in Augenschein nahm, meinte er, diesem schon einmal begegnet zu sein oder ihn gesehen zu haben – vielleicht im Laufe des Tages. Umso tiefer holte er Luft und sagte leise: „So, jetzt flieg, kleiner Engel!"

Zögernd bewegte dieser beide Flügel.

Links war alles in Ordnung, aber der rechte Flügel, sofern es ein Flügel war, hob sich nur zögernd wenige Zentimeter. Wieder und wieder versuchte der Engel es – erneut vergeblich, und so flossen seine Tränen.

„Sei nicht traurig", wurde er von dem Hirten besänftigt. Darüber hinaus wollte er den Engel mit kleinen Scherzen aufmuntern: „Ich bringe dich wieder auf Trab. Ich meine zum Fliegen. Letztes Jahr habe ich einer Amsel einen Flügel mit einem kleinen Stück Holz geschient und ihr damit so gut gedient, dass sie nach fünf Wochen wieder auf den Beinen, ich meine, in der Luft war", und fügte hinzu: „Was einer Amsel recht ist, das sollte dir als Engel billig[1] sein." Dann bemerkte er am verdutzten Gesicht des Engels, dass seine Worte wie eine Floskel geklungen hatten, und er wurde persönlich: „Wenn du magst, nehme ich dich mit heim, und dort sehen wir weiter."

Währenddessen hob er den Engel sachte auf seine Schulter, konnte es sich aber nicht verkneifen, ihn ungehalten zu fragen: „Weshalb kriechst du zwischen den Tannen herum?", während er seine Mütze aufsetzte, die er während Gabriels feierlicher Ansprache ehrfurchtsvoll vom Kopf genommen hatte. Da entdeckte er im Gesicht des Engels und an dessen Haltung, dass seine Frage maßregelnd geklungen hatte. Er biss sich auf die Lippe, sprach den weiteren unmittelbaren Vorwurf an den Engel, selbst Schuld an seinem Missgeschick zu sein, nicht aus, verwarf ihn sogar und konzentrierte sich auf den Heimweg.

---

[1] In diesem „altdeutschen" überholten Sprachgebrauch bedeutet das Wort ‚billig' sogar eine Steigerung von Recht.

Unter seinen Schritten knirschte Schnee, der Stern von Bethlehem strahlte wieder, ansonsten war es so still und friedlich, wie es sich für eine heilige Nacht geziemte.

Vorübergehend findet ein kleiner Engel eine Heimstatt

In seiner Hütte half der Hirte dem kleinen Engel auf einen bequemen Stuhl. Obwohl eine Kerze nur mattes Licht verbreitete, wurde dem Hirten bewusst, dass der Engel ein ausgesprochen hübsches, aber blasses Gesicht hatte, das von schwarz gelockten Haaren eingerahmt war, und die grün schimmernden Augen waren so weit geschnitten, dass ihr Gesicht einen leichten exotischen Anflug hatte. Doch der Hirte konnte nicht fassen, welcher Anblick ihm zuteil wurde, als er den Engel von rückwärts in Augenschein nahm: „Meine Güte, wo hast du deine Flügel gelassen?", entfuhr es ihm. Er war wohl ein wenig verwirrt. Vermutlich wollte er fragen: ‚Was ist mit deinen Flügeln passiert?' Der Hirte hätte es sich denken können; offenbar hatte der Engel sich im Dickicht verfangen und ungeschickt versucht, sich zu befreien. Oder war ihm noch Schlimmeres widerfahren?

Als der Engel seine Schulterblätter betastete, war er entsetzt und weinte noch stärker. Tatsächlich spürte er überhaupt keine Flügel mehr. Also hatte der Hirte richtig hingesehen. Während er über sich selbst den Kopf schüttelte, fragte er sich, wieso er nicht schon im Dickicht seinen Irrtum bemerkt hatte. Inzwischen schienen die Flügel sich abgelöst zu haben oder abhanden gekommen zu sein. Aber der Engel wurde seinem Gastgeber nicht lästig; die heikle Angelegenheit wuchs dem Hirten auch nicht über den Kopf, dieser hatte nur eines im Sinn: dem Engel beizustehen, zumal er sich Vorwürfe machte, bei der

Behandlung seines himmlischen Patienten – oder war es eine Patientin? – nicht aufmerksam genug gewesen zu sein.

Im Ofen entfachte der Hirt das Feuer, ließ die Ofentür offenstehen und hatte jetzt im Schein des Feuers sogar den Eindruck, der Engel hätte seine Flügel nicht eingebüßt, sondern nie welche besessen und er sei in Wahrheit ein hübsches Mädchen. Um sich zu vergewissern, fragte er sie nach ihrem Namen, und der bisher zurückhaltende Engel antwortete zögernd: „Ich werde Bianca genannt und kann wegen meines weißen Kleides gut wiedererkannt werden."

So war der Hirte gewiss, dass sein Gast, wie von ihm inzwischen vermutet, weiblich war. Als er nachbohrte, erfuhr er von Bianca, die begann, zu ihm Vertrauen zu fassen, noch mehr: Sie hatte eine Zwillingsschwester Scarlotta. Die Ähnlichkeit der beiden Mädchen war im Laufe der Jahre dermaßen eklatant geworden, dass sie für Fremde ausschließlich durch die Farbe ihrer Kleider zu unterscheiden waren. Bianca kleidete sich künftig ihrem Namen entsprechend ausschließlich in Weiß und Scarlotta ausschließlich in Rot, es sei denn, sie wollten irgendwen irritieren oder sogar aufs Glatteis führen.

Biancas Liebe zu Scarlotta war so innig, dass ihr eigenwilliger Mund jetzt, als sie über ihre Schwester sprach, von einem Wortschwall überlief und sie dem Hirten anvertraute, dass ihre Eltern während eines gemeinsamen Fluges in einen tornado–ähnlichen Wirbelsturm geraten waren und sich zu Tode gestürzt hatten. Infolgedessen waren die Mädchen im übertragenen Sinn auseinandergerissen worden und von einer Pflegestelle zur anderen geflogen. Auf diese Weise hatten sie einander aus den Augen verloren, worunter Bianca so sehr litt, dass alles, was sie erlebte und erstrebte, dahinter verblasste wie der Mond hinter der aufgehenden Sonne, und Bianca fragte sich wehmütig, ob ihre Schwester genauso empfand.

Nunmehr wollte der Hirte genaueres wissen: „Sind deine Eltern mit einem Flugzeug abgestürzt?", kriegte aber zu hören: „Nein, sie sind natürlich mit ihren eigenen Flügeln geflogen."

Da atmete der Hirte erleichtert auf und sagte: „In diesem Fall ist jede Diskussion darüber, ob ihr Engel seid oder nicht, überflüssig." Da Bianca irritiert dreinblickte, bemühte der Hirte sich, nicht schulmeisterlich zu wirken: „Da Eure Eltern wohl von Natur aus mit Flügeln ausgestattet sind, ist bewiesen: Sie sind Engel. Und so seid ihr – du, Bianca, und deine Schwester Scarlotta als deren Töchter – selbstredend ebenfalls Engel! Unabhängig davon, in welchem Zustand sich eure Flügel befinden." Dann fügte er scherzend hinzu: „Und da ihr Engel seid, gehe ich davon aus, dass deine Flügel, nachdem sie durch vorübergehende Abwesenheit geglänzt haben, wieder nachwachsen. Es ist nur eine Frage der Zeit."

Daraufhin lachten beide erleichtert. Und der Hirte bekräftige die Vermutung, zumindest die Hoffnung, dass auch Scarlotta noch hier auf Erden weilte. Immerhin blieb noch die wichtige Frage offen, wo sie abgeblieben war. Dass er sich fragte, in welchem Zustand Scarlottas Flügel sich befänden, verschwieg er, um Bianca nicht wieder aus dem Gleichgewicht zu bringen.

Außerdem wollte der Hirte nicht allzu tief in Bianca eindringen und fragte nicht nach, um keine vernarbten Wunden aufzureißen. Zumal der Eindruck sich in ihm eingenistet und verfestigt hatte, Bianca besäße nur eine vage Erinnerung, sodass sie zu stark litte, wenn er allzu aufdringlich nachfragen würde. Jedenfalls schien Bianca sich entschlossen zu haben, zu bleiben, und verband damit die unverbrüchliche Hoffnung, auf Scarlotta zu stoßen.

Bei der nächsten Unterhaltung fürchtete der wissensdurstige Hirte, doch lästig zu wirken, zumal Bianca stumm blieb. Im Begriff, tröstliche Worte zu finden, sah der Hirte, wie die bisweilen wankelmütige und gedächtnisschwache Bianca sich sogar jäh abwendete, sodass er fürchtete, sie würde davonlaufen, aber sie ging nur zum einzigen Fenster und schaute hinaus. Hoch oben glitzerte immer noch oder wieder der Stern von Bethlehem. Der Engelchor, um Gottes Thron versammelt, sang „Gloria in Exelsis Deo".

Minuten später hockte das Mädchen mutterseelenallein unten in des Hirten erbärmlicher Hütte, gewahrte ein einfaches Gestell, gefüllt mit Stroh, einen Herd, auf dem ein schmutziger Topf mit Essensresten abgestellt war, dazu Spinnweben in den Ecken, ein mit Sprüngen entstelltes altes Waschbecken, sowie festgetretene Erde auf den Dielenbrettern – und sie fürchtete, zugrunde zu gehen, wenn sie sich hier an diesem unwirtlichen, unappetitlichen Ort häuslich einrichten würde. Also überlegte sie, wie sie schnell vom Fleck wegkommen könnte, ohne ihren freundlichen Gastgeber zu vergrätzen oder sogar zu verletzen.

Am nächsten Morgen war sie voller Sorgen und so durcheinander, dass sie nicht mehr wusste, ob sie tatsächlich Zeugin des Aufenthalts Jesu mit dessen irdischen Eltern Maria und Josef in einem Stall in der Heiligen Nacht gewesen war oder ob sie nur einer Theateraufführung beigewohnt hatte. Das Alter von Engeln war mit dem von Menschen zwar nicht zu vergleichen, aber zweitausend Jahre war sie sicher nicht auf der Welt. Und was war mit ihren Flügeln geschehen? So innig sie Gott auch gebeten hatte und weiter bat, trotz der Aufmunterung durch ihren Gastgeber fürchtete sie, ihr wüchsen keine Flügel mehr. Sie erinnerte sich auch nicht mehr, was sie mit dem Hirten besprochen oder sogar ausgemacht hatte.

Da bündelte sie alle Kräfte, trippelte zur Tür, schenkte dem traurig drein schauenden Hirten, anstatt ihn zu fragen oder sich zumindest mit ihm abzusprechen, keinen Blick zurück, öffnete die Tür und machte sich auf ihren zierlichen Füßen auf den Weg zu den Menschen. Später sah sie in einen Teich wie in einen Spiegel und schimpfte mit sich: „Von wegen Engel! Du hast dich wie eine blöde Kuh schnöde aus dem Staub gemacht …"

Irgendwann unterwegs, vielleicht durch den Einfluss von frischer Luft und Tannenduft, fand Bianca ihre Erinnerung zurück, konnte wieder klar denken und atmete auf. Ihre Zweifel daran, wer sie war, flogen davon wie Wolken am Himmel bei heftigem Wind. Zweifelsfrei war sie ein Engel und hatte einen schweren Unfall erlitten – vielleicht mit den Eltern. Jedenfalls war es bei ihr dadurch zu einem Gedächtnisverlust gekommen, der bis jetzt nachwirkte …

Plötzlich erinnerte sie sich während ihrer Wanderschaft, dass sie von ihrem freundlichen und friedlichen Gastgeber – dem Hirten – irgendwann abends bei einem Schluck Wein gefragt worden war: „Warum bist du verdrießlich? Dir geht es von Tag zu Tag besser." Sie hatte ihre Niedergeschlagenheit, erneut von Tränen erstickt, wieder mit ihrer Unkenntnis begründet, wo ihre Schwester steckte, und durch ihren Zwiespalt, nicht zu wissen, ob sie selbst Fisch oder Fleisch sei. Der Hirte missverstand dieses Sinnbild. Da wurde Bianca deutlich: „Ich schwanke ständig zwischen meiner zwiespältigen Meinung, ein himmlischer Engel oder ein irdisches Mädchen zu sein. Beides wäre mir recht, aber ich möchte Gewissheit haben, wer ich bin oder wer sich hinter mir verbirgt."

Dafür hatte der Hirte, dessen menschliche Qualitäten und Lebensumstände (siehe den Schlendrian in seiner Hütte) einander widersprachen, Verständnis und verriet eine Eingebung, die sich mit seinen eigenen Beobachtungen deckte: „Inzwischen habe ich mich gedanklich mit deiner Lage intensiv beschäftigt und bin zu folgendem Ergebnis gekommen: Solange du dich im Himmel aufgehalten hast, warst du ein Engel. Während du in Grauzonen und zwischen Grenzen oder zwischen Tag und

Traum wandelst oder pendelst, fühlst du dich als Zwischenwesen. Aber sobald du auf Erden weilst oder dich sogar hier eingerichtet hast, fühlst du dich als Mädchen, und in diesem Zwiespalt deiner Persönlichkeit war auch ich gefangen."

Da Bianca sich noch nicht in seine komplizierte Denk- und Ausdrucksweise hineinversetzen konnte und ihn stirnrunzelnd anblickte, erklärte der Hirte weiter konkret: „Wer auf der Erde lebt, ist von den Gegebenheiten abhängig, die auf der Erde herrschen: von der Schwerkraft, von den Jahreszeiten Frühling, Sommer, Herbst und Winter und von den Witterungsbedingungen – dazu von Krankheiten, Niederlagen und Siegen; das musste auch Jesus zu spüren kriegen. Und so gesehen, sind deine Flügel hier auf der Erde labil. Wenn du sehr lange hier bleibst, könnte es sogar geschehen, dass sie verkümmern – wie jetzt möglicherweise – aber hoffentlich nicht."

Und er hatte auch über Biancas kapriziöses Gedächtnis nachgedacht und mit ihr darüber gesprochen, nicht nur, um sie zu informieren, sondern, um sie zu beruhigen. Durch den abrupten Tod ihrer Eltern hatten Bianca und ihre Schwester Scarlotta so heftige seelische Erschütterungen davongetragen, dass sie etliches verdrängt hatten, aber auch anderweitig hatte ihr Gedächtnis gelitten. Es waren nicht nur Gedächtnislücken zu beklagen, auch die Abläufe ihrer Erinnerungen waren nicht mehr chronologisch gespeichert, sondern durcheinandergeraten.

Da dieses Gespräch so tiefgründig geworden war, sah der Hirte eine Gelegenheit, noch tiefer zu greifen und sagte: „Du erwähnst deine Schwester fast jeden Tag und wirkst von mal zu mal trauriger, und so vermute ich, dass du fast ununterbrochen an sie denkst und unter ihrem Verlust unsagbar leidest."

Bianca schlug die Augen nieder, als hätte er recht, und so räumte sie abschwächend ein: „Es kann sein, dass ich meine

Schwester im Vergleich zu Leidensgenossinnen auf der Erde stärker vermisse."

Der Hirte überlegte kurz und widersprach: „Was Menschen und Engel in solchen Zwangslagen empfinden, entzieht sich jedem Vergleich. Sogar Vergleiche von Mensch zu Mensch und von Engel zu Engel verbieten sich. Niemand hat das Recht, Vergleiche zu ziehen, denn niemand kann einschätzen, was im Kopf und im Herzen von anderen vor sich geht, und so sind Urteile erst recht unangebracht. Was dich persönlich betrifft: Du bist umso schlimmer betroffen, da du deine Eltern verloren hast und gänzlich auf dich allein gestellt bist, und so hast du das totale Recht, dass dir Verständnis für deine Lage zuteil wird. Und es spricht für dich, dass du es nicht forderst. Mein Verständnis hast du allemal."

Bianca atmete auf, so nachsichtig hatte sich nicht einmal der Himmel gezeigt, dann lobte sie den Hirten, der fast so fürsorglich zu ihr war wie ein Vater und sogar versuchte, sich in sie hineinzuversetzen. Das gab ihr den Mut, sich bezüglich der Beziehung zu ihrer Schwester rückhaltlos zu offenbaren: „Ich fühle mich nach ihrem Verlust wie ein gespaltenes Doppelmoppel und bin davon überzeugt, ohne meine Schwester nicht mehr existieren zu können." Da der Hirte nickte, sah sie ihn innig an, ergriff seine Hände und sagte: „Wie klug du bist, wie aufrichtig, verständnisvoll und wie hilfreich!"

Da waren die beiden endgültig miteinander einig, dass Bianca so schnell wie möglich ihre Unebenheiten glätten und ihre Schwester Scarlotta finden müsse. In freier Natur und in ländlicher Umgebung wäre dies weniger wahrscheinlich als in großen Städten mit vielen Menschen. Und es flossen erneut Tränen, dieses Mal auch bei dem Hirten. Es waren Abschiedstränen, und Bianca und der Hirte hatten inzwischen eine so starke Bindung zueinander geknüpft, dass sie schworen, einander wiederzusehen, sobald Bianca ihre Lebensumstände geklärt haben würde, und sie war heilfroh über diese konkrete Erinnerung.

Anfangs hatte sie befürchtet, ihren Aufbruch abrupt, um nicht zu sagen fluchtartig, vorgenommen und ihren Gastgeber vor den Kopf gestoßen zu haben. Aber damals war sie nur kurz aus der Hütte gegangen; ihr schnödes Verhalten war ihr sauer aufgestoßen, und sie gelobte für sich Besserung. Inzwischen waren ihr die Hintergründe ihrer Gedächtnisschwierigkeiten bewusst geworden, und sie hatte auch Mittel und Wege gefunden, die zeitliche Abfolge ihrer Erinnerungen zu ordnen und dadurch besser mit sich klar zu kommen. Auch wirtschaftlich würde sie lange Zeit klarkommen; von ihrem Freund aus dem Kreis der Menschen war sie mit ausreichender Barschaft versorgt worden. Der Hirte hatte jedoch im übertragenen Sinn mit Engelszungen Biancas zunächst heftigen Widerstand brechen müssen, nachdem er seine keineswegs überquellende Geldbörse gezückt hatte.

Biancas Schritte aus der freien Natur in eine kleine enge Stadt

Irgendwann, nachdem sie unterwegs ihr kapriziöses Gedächtnis erneut geordnet hatte – trotz oder wegen der Vielfalt der Eindrücke während ihrer Wanderschaft –, geriet sie an einem späten Abend aus einem dichten Wald in eine kleine Stadt und dort auf einen großen Platz. Dennoch war weit und breit keine Übernachtungsmöglichkeit zu entdecken, geschweige ein Hotel, auch keine Pension. Sie fühlte sich einsam und fürchtete sich auch ein wenig. Sollte sie in den Wald zurück und Zuflucht in einer Höhle suchen? Diese Überlegung beiseiteschiebend, straffte sie sich und entschied, Flucht sei eine Zumutung für einen Engel! Darüber hinaus ihrer unwürdig! Also abgewettert, sogar abgeschmettert!

Während sie darüber nachdachte, wo und wie sie die Nacht verbringen könnte, entdeckte sie vor dem Rathaus auf einem Steinsockel eine fast leere, geräumige mannshohe Schau-Vitrine aus Glas, die Tür weit offen. Inzwischen entschlossen, trotz gewisser Zweifel, ein Engel zu sein und zu bleiben, zumal sie die Ansätze ihrer Flügel wieder zu spüren meinte, wollte Bianca sich dort auf den Boden betten, sich mit Holzwolle zudecken und schlafen. Danach hoffte sie in einem wankelmütigen Impuls, im Himmel wieder zu sich zu finden, aber dann klang dies für sie selbst widersprüchlich, sodass sie schmunzelnd über sich selbst den Kopf schüttelte. In diesem Gefühlschaos schloss sie die Glastür, drehte vorsichtshalber den Schlüssel um, legte sich hin und schlief entrückt ein, wurde aber schon bald von einem Alptraum bedrückt …

Es schien mitten am Tag zu sein. Die brütende Hitze aussendende Sonne befand sich auf dem höchsten Punkt über der Betrachterin, also im Zenit. Neugierig sich dem Schaukasten nähernd, entdeckte Bianca darin einen älteren Mann, der den Eindruck weckte, gefangen zu sein; jedenfalls versuchte er, auszubrechen, verständlich bei den bedrängenden Witterungsbedingungen, und so hämmerte er mit den Fäusten gegen das Glas, aber es war so massiv, dass es nicht zerbrach. Sei es, dass die wegen der Hitze geringe Menschenmenge, vornehmlich Käuferinnen, den Mann nicht bemerkte oder nicht bemerken wollte, jedenfalls kümmerte sich niemand um ihn. Wenigstens weidete sich keiner an seiner misslichen Lage, und Bianca war so in ihrem Traum gefangen, dass auch sie dem Eingesperrten nicht beispringen konnte …

Später erfuhr sie, dass diesem Traum ein tatsächliches, aber grausiges Ereignis zugrunde lag. Ezra Pound hieß das Opfer: ein amerikanischer Dichter, der wegen seiner schmucklosen, aber bildhaften Sprache zu den „Imagisten" zählte. 1885 geboren, verbrachte er die Zeit nach seinem 37. Lebensjahr 1922 bis 1945, also bis zu dem Jahr, in dem der Zweite Weltkrieg endete, in Italien in der Stadt Rapallo an der levantinischen Küste in der Gegend von Genua.

Als Sympathisant von faschistischen Machthabern (vermutlich von Mussolini) wurde er 1945 in ein amerikanisches Straflager interniert. Es ist nicht überliefert und erst recht nicht erwiesen, aber es liegt der Verdacht auf der Hand, dass zwischen der Grausamkeit, die Ezra zugefügt wurde, und seiner der Haft folgenden Einweisung in eine psychiatrische Heilanstalt ein Zusammenhang bestand und das Ziel darin lag, Ezra auf Dauer auszuschalten. Also war Ezra auf vielfache Weise in die Zange genommen worden: körperlich durch die sengende Hitze in dem gläsernen Schaukasten, der ihm bei schlechterer eigener Konstitution zum gläsernen Sarg hätte werden können, und seelisch durch die ihn anstarrenden und verhöhnenden Leute, deren Blicke er wie Messerstiche empfunden haben musste. Etliche aus Mitleid vergossene Tränen von Marktbesucherinnen und Kindern waren nur wie kleine Pflaster auf eine große Wunde oder, um dem Sinnbild mit den Tränen zu entsprechen, wie Tropfen auf einen heißen Stein.

Aus späterer Sicht erhob sich die Frage, von welcher Staatsmacht Ezra für unzurechnungsfähig erklärt und entmündigt worden war und ob alles mit „rechten Dingen", also juristisch einwandfrei, zugegangen war. Erhebliche Zweifel sind angebracht, anderenfalls wäre das nicht möglich gewesen, was im nächsten Abschnitt ans Tageslicht kommt.

Nach massiven Interventionen von zeitgenössischen Kolleginnen und Kollegen wie Ernest Hemingway, obwohl dieser damals politisch als Republikaner auf der Gegenseite stand, wurde Ezra freigelassen. Maßlos enttäuscht, nicht von seinen Landsleuten, sondern von der Staatsmacht, kehrte Ezra den

USA endgültig den Rücken und lebte nunmehr in Pisa und später in Meran, jenem bekannten Kurort in Südtirol, der schon damals von Italien annektiert worden, populär ausgedrückt: Österreich abspenstig gemacht worden war. Über die immer noch spürbaren Folgen ließe sich ein Roman schreiben. Nicht von ungefähr gelten die „Pisaner Gesänge" als literarische Prunkstücke von Ezra Pound.

Seiner Vorliebe für Italien ist er bis zu seinem Tod im Jahre 1972 treu geblieben. Immerhin hat er trotz seiner schlimmen Haft- und Heilstätten-Erlebnisse 87 Jahre lang durchgehalten ...

Zurück zu unserem Engel Bianca, die, als sie den Alptraum durchlitt, noch nichts von Ezra Pound und dessen Schicksal wusste. Aber später beschloss sie, sich aus einem Grund, der sich schon Stunden später im Zusammenhang mit dem Glashaus ankündigte, damit auseinanderzusetzen.

Was in dieser Nacht weiter geschah, könnte als weiterer Traum gedeutet werden, aber auch auf Biancas Wunschdenken zurückzuführen sein. Durch ein Geräusch erwacht, nahm sie außerhalb des Glashauses einen Schatten wahr, der darauf schließen ließ, dass sich ein Mensch (hoffentlich kein lichtscheues Gesindel) dort herumtrieb. Biancas Neugier war stärker als ihre Bedenken. Jedenfalls erhob sie sich, ging Richtung Tür und meinte, sich selbst draußen stehen zu sehen: Oder gaukelte eine Glasscheibe ihr das eigene Spiegelbild vor?

Plötzlich sah Bianca, dass ihre spiegelbildliche Erscheinung einen Zettel in der Hand hielt, den sie so drehte und wendete und ihr entgegenhielt, dass Bianca ihn hätte lesen, zumindest entziffern können, aber in der Dunkelheit streikten Biancas Augen. Das hätte die Erscheinung wissen müssen, andererseits sind Handlungen und Unterlassungen einer dubiosen oder nebulösen Erscheinung generell nicht mit plausiblen Argumenten zu erklären, zumal diese aktuelle Erscheinung auf einer Sinnestäuschung beruhen mochte. Dessen ungeachtet lief die Erscheinung, innerhalb des Glashauses von Bianca begleitet, außen herum, den ominösen Zettel in der Hand schwenkend – von Nordwand über Ostwand zu Südwand und Westwand. An jeder Ecke machte die Erscheinung Halt und hielt der bedauernswerten, mit ihr auf gleicher Höhe gerannten Bianca den Zettel vor Augen und unter die Nase, doch jedes Mal vergeblich, bis Bianca aufgab – und sich auf der Schlafstelle wiederfand, woraufhin sie nach Erwachen die Schlussfolgerung zog, von Traumsequenzen genarrt worden zu sein. Dann spekulierte sie: „Falls es kein Traum war, sondern Scarlotta, wie sie leibt und lebt, dann wird sie alle Hebel in Bewegung setzen, um mich hier herauszuholen …"

Da es Bianca auch am nächsten Morgen trotz etlicher Versuche nicht gelang, die klemmende Tür zu öffnen, rief sie den Menschen, die sich inzwischen vor dem Glaskasten versammelt hatten, etwas zu, das diese wegen des Straßenlärms und der massiven Glaswände nicht verstanden.

Ein Akkordeonspieler, der sich seit Tagen in der Fußgängerzone eingerichtet hatte, zwängte sich in die Menschentraube und vollzog mehrfach in Richtung Bianca mit der rechten Hand eine seltsame Bewegung des Aufschließens, wie um ihr eine Besonderheit des Mechanismus zu demonstrieren. Aber es blieb für sie nur eine nicht zu deutende Geste. Dann spielte er zu ihrer Aufmunterung auf seinem Akkordeon den russischen Ohrwurm „Kalinka". In vielen Ländern wurde dieses Volkslied im Original von dem berühmten Donkosaken-Chor gesungen, der sich ursprünglich aus Soldaten der weißrussischen Armee rekrutiert hatte.

Trotz ihrer misslichen Lage musste Bianca unwillkürlich lächeln. Sie lauschte diesem Chor umso lieber, weil Männer im himmlischen Engelchor unterrepräsentiert waren. Durch den aufputschenden Rhythmus dieses alten Volksliedes war die Tür zu ihrem Herzen jetzt weit geöffnet, aber die Glastür blieb trotz ihrer hektischen Bemühungen verschlossen.

Aus Sicht der Einheimischen war Bianca eine Besucherin, vielleicht eine Touristin. Um ihr beizustehen oder sogar zu ihr zu gelangen, versuchten diese, die Tür gewaltsam zu öffnen. Vergeblich.

Es verging ein Tag, eine Nacht, in der Bianca immerhin in einem toten Winkel eines Einrichtungsgegenstandes ihre Notdurft verrichten konnte, und ein weiterer Tag. Das Mädchen schwächelte bis zur Teilnahmslosigkeit. Um Bianca wenigstens optisch aufzumuntern, stellten die Leute prophylaktisch – für den Fall, dass die Öffnung doch noch gelänge – Quarkschnitten, Blumen, Wasserflaschen und mit Tee und Kaffee gefüllte Thermoskannen vor die Tür. Ebenfalls ohne Erfolg, aber die Bemühungen berührten Bianca. Da nichts fruchtete (die georderten Ordnungshüter, bis zur Halskrause vollgestopft mit Gleichgültigkeitsgefühlen, rührten sich nur von ihren Dienststühlen, um in Papierkörben zu wühlen), wurde das engelhafte Mädchen so schwach, dass sie sich nicht mehr regen, geschweige bewegen oder gar aufstehen konnte. Konnte sie noch weit genug denken für die vage Aussicht, die Tür doch noch zu öffnen? Nur ein himmlisches Wunder schien helfen zu können.

Plötzlich wurden die Zuschauer abgelenkt: durch ein kleines Kind, ein einjähriges Mädchen. Es krabbelte aus seinem Kinderwagen und dann zwischen parkenden Autos und Transportwagen herum; ihm drohte die Gefahr, auf die Fahrbahn zu geraten. In diesem Augenblick geriet der Glaskasten ins Wanken: durch einen Mark und Markt erschütternden Schrei, der im Zentrum des Kastens explodierte – ein hoher, messerscharfer, eindringlicher Schrei, ausgestoßen von Bianca, ein Schrei, der durch Mark und Bein ging und das Blut in den Adern der

Marktbesucher stocken und gefrieren ließ. Bianca hatte noch nie so laut und durchdringend geschrien wie jetzt in ihrer Not um das Kind; nie hätte sie geahnt, so durchdringend schreien zu können.

Darüber hinaus wurde die Luft erfüllt von ohrenbetäubendem Klirren, zumal sich ein Echo dieses lang gezogenen Schreies von außen vervielfältigte. Die Folge: zunächst nur verwunderte Blicke der Marktbesucher. Dann tief aufgewühlte, erschütterte Leute, die sich hin und her wendeten, als wollten sie Pirouetten drehen oder als würden sie von einem Sturm herumgewirbelt. Und der Glaskasten? Unter den ekstatischen, stoßartigen, spitzen Schreien von innen und außen zerbrach er in Tausend Stücke.

Wie ein Blitz schoss Bianca aus dem Scherbenhaufen auf die Fahrbahn und riss in letzter Sekunde das kleine Mädchen an sich …

Haargenau in diesem Augenblick griffen zwei weitere Hände nach dem Kind – von der anderen Seite, von der Fahrbahn aus. Auch diese Hände gehörten einem Mädchen.

Bianca trug wie stets ihr weißes Kleid, ihr Gegenüber trug ein rubinrotes Kleid, und als die beiden Mädchen einander flüchtig in ihre von gekräuselten schwarzen Haaren umrahmten Gesichter schauten, meinten sie, in einen Spiegel zu blicken und erschauerten.

Danach schienen sie wie gelähmt, doch im nächsten Augenblick wurden sie in jeder Faser ihres Wesens von einer unbeschreiblichen, nie erlebten Freude durchströmt, körperlich und seelisch, zumal ihre Hände und Stirnen einander berührten und miteinander zu verschmelzen schienen. Doch dann entdeckte Bianca einen Unterschied zwischen sich und ihrer Schwester: Die grünen Augen von Scarlotta versprühten rote Funken, die jetzt zu Bianca übersprangen. Erneut erschauernd, erinnerte Bianca sich daran, dass Scarlottas Augen vermeintlich im Gegensatz zu ihren eigenen Augen fast jedes Mal Funken sprühten, wenn sie sehr aufgeregt war. Oft aus Ärger oder Laune – jetzt aus purem Glück. Seltsamerweise dämmerte es Bianca zumindest jetzt noch nicht, dass ihre Schwester und sie gemeinsam, wie abgesprochen, den Glaskasten mit ihrer schrillen Stimme zum Scherbenhaufen degradiert haben könnten.

Wie um den Zusammenschluss der beiden Schwestern szenisch zu vollenden, heulte eine Sirene auf, vermutlich als Folge der Explosion des Glashauses, und der gesamte Marktplatz bebte wie während Erdstößen und schien zu taumeln ...

Seite an Seite bargen Bianca und Scarlotta das Kind und legten es der von Entsetzen starren Mutter in den Kinderwagen. Dann lagen die beiden Mädchen, die gefühlt eine halbe Ewigkeit voneinander getrennt gewesen waren, einander in den Armen. Spötter würden ergänzen: „Damit war die Seifenoper perfekt komponiert ...“

Aber die Geschichte entwickelte sich anders. Die Menschen bestaunten das Kind, das überlebt hatte, wie eine Himmelsgabe und beschimpften die Mutter: „Wie bringst du es übers Herz, dein kleines Mädchen, fast noch ein Baby, mutterseelenallein sich selbst zu überlassen ...?“

„Nicht zu fassen! Wenn mir das passiert wäre, ich wüsste mich nicht zu lassen und würde mich selber hassen!“

Eine weitere Frauenstimme mäßigte diese Vorwürfe und nörgelte vor sich hin: „Typisch Leute von heute. Väter Fehlanzeige! Anstatt dessen lauter Rabenmütter! Haben nur Klamotten und sonstiges Vergnügen im Kopf ...“

Eine vierte Frauenstimme im Bunde sagte maßvoll in die Runde: „Wenn das Mädchen aus dem Glashaus und die andere, ihr ähnelnde Fremde nicht gewesen wären, um dem kleinen

Würmchen das Leben zu schenken, nicht auszudenken … Aber wo sind die lieben Mädchen geblieben?"

Sie hatten sich in den Schatten einer kleinen Baumgruppe zurückgezogen – mit reichlich Stoff zum Erzählen, wie und wo sie sich in den letzen Jahren durchgeschlängelt, aber auch, wo und von wem sie gegängelt worden waren – und was sie hierhin verschlagen hatte.

Später rankten Marktgerüchte sich um das Ende des Glashauses. Es war von Sonnenhitze die Rede, die sich mit Biancas Angstschweiß um das kleine Mädchen vermischt hätte und dermaßen eskaliert wäre, dass Glas und Holz nicht zerbrachen, sondern dass alles schmolz wie ein Gletscher in der Sonne. Dass Scarlotta mitgewirkt haben könnte, nachdem sie sich vergeblich mit ihrem bis dato untauglichen Zettel am Glashaus bemerkbar gemacht hatte, auf diesen verwegenen Gedanken kam vorerst niemand. Nachdem sich jedoch herumgesprochen hatte, wie die beiden Mädchen miteinander verbandelt waren, faselte ein Schlaukopf von schicksalhafter oder sogar göttlicher Vorsehung.

Der Akkordeonspieler versuchte, die überhitzte Atmosphäre zu entspannen oder abzukühlen durch ein weiteres russisches Volkslied, das er jedoch wenig einfühlsam als frauenfeindliche Persiflage präsentierte, vielleicht gemünzt auf die Mutter des in tödliche Gefahr geratenen Mädchens. Er sang das Volkslied „Schwarze Augen" – auf seine Weise zu den von ihm auf dem Akkordeon hervorgezauberten Tönen:

> „Schwarze Frauenaugen nicht viel taugen,
> auch den blauen darfst du nicht trauen.
> Und die grünen sind wie der Wüstenwind,
> denn sie machen alle Männer blind …"

Niemand applaudierte, und so kratzte sich der Musikus, der sich mit Genuss an den Tasten seines Instruments vergriffen hatte, verlegen am Kopf. Immerhin hatte er zur Entspannung beigetragen.

An Bianca war alles vorübergerauscht wie ein Bach bei Hochwasser. Nach ihrer Heldinnentat (eine jugendliche Stimme erklärte sie zur „Wonder Woman") war sie so mitgenommen, dass sie erneut von einem Gedächtnisausfall heimgesucht wurde. Immerhin erinnerte sie sich kurz darauf daran, dass ihr wie auch ihrer Schwester Danksagungen zuteil geworden waren, besonders von der durch Vorwürfe, mehr noch durch Gewissensbisse gemarterten Mutter des kleinen Opfers.

Überstrahlt wurden die Danksagungen jedoch durch Biancas aufflammende Erkenntnis, aus welchem Anlass es sie auf die Erde verschlagen hatte. Sie war nicht entsandt worden, um eine neue Botschaft zu verkünden, wie es die eigentliche Aufgabe von Engeln ist; sie hatte sich auf eigenes Risiko zum Schutzengel entwickelt. Das tröstete sie freilich nicht über die anhaltende Trennung von ihrer Schwester Scarlotta hinweg, die sich parallel mit ihr entfaltet zu haben schien. Dass ihre Trennung voneinander der Vergangenheit angehörte, vielleicht sogar endgültig, hatten sie noch nicht verinnerlicht.

Es sollte jedoch noch angemerkt werden, dass auch Scarlottas Flügel, sofern noch existent, zeitweise ebenfalls nicht mehr funktionstüchtig waren. Der Hirte, der mindestens so authentisch als Psychologe hätte wirken können, würde vermutlich argumentiert haben, die weiter währende Flügellähmung sei ein Beweis dafür, dass die Schwestern ihre Aufgabe auf Erden noch nicht zu ihrer restlosen Zufriedenheit erfüllt hätten …

Nach ihren verwegenen Rettungstaten auf dem Marktplatz empfanden die Schwestern weder Genugtuung noch Stolz; sie atmeten tief durch, weil sie einander nicht mehr hinterherjagen mussten und körperlich bis auf ihre Flügel wohlauf waren.

Im Zusammenhang mit dem Einsturz und der Zersplitterung des Glashauses war es zu weiteren Gerüchten gekommen. Bevor sich herumgesprochen hatte, dass die beiden Mädchen Zwillinge waren, waren die Leute waren zunächst davon ausgegangen, dass es ein einzelnes Mädchen war, eben jenes im Glashaus. Eine Marktbesucherin hatte eine Nachbarin gefragt: „Meinst du, ich dürfte es wagen, sie zu fragen: ‚Warum und wo hast du dich umgezogen? Daraus kann ich mir keinen Reim machen. Eben hast du noch ein weißes Kleid getragen und jetzt trägst du ein rubinrotes Kleid!'"

Die Nachbarin meinte eine plausible Erklärung gefunden zu haben: „Vermutlich hat das Mädchen, das zwischen den Glastrümmern herausstürmte, sich an Scherben und Splittern so verletzt, dass ihr blütenweißes Kleid blutrot wurde. Also hat sie sich nicht umgezogen. Hoffentlich hat sie nicht auch noch innere Blutungen erlitten."

Wie alles tatsächlich zusammenhing und zusammenhängt, weiß wohl niemand – nicht einmal das Autorenduo dieser Geschichte.

Es ist müßig, die unsagbare Freude der Wiedervereinigung der Schwestern zu schildern, sogar unmöglich, wie es dazu gekommen war, dass sie bei ein und demselben Unfall zu Schutzengeln geworden waren und weshalb sie dieses Geschick gerne annehmen und ihre Zukunft danach ausrichten wollten. Oder war die Entwicklung wie meist dem Zusammenklang zwischen Ursache und Wirkung geschuldet?

Trotzdem wurden sie zeitweise wieder voneinander getrennt. Dieses Mal durch einen Entschluss von Scarlotta. Ihr war zu Ohren gekommen, nicht weit entfernt erhöbe sich inmitten einer Inselgruppe ein sogenanntes Engelland, und dies wollte sie unbedingt auf eigene Faust ergründen und erkunden. Aber schon nach kurzer Zeit tauchte sie nach Überwindung oder Durchschwimmens oder Überfliegens des sogenannten Ärmelkanals wieder reumütig an der Seite von Bianca auf, und es war wiederum von einer Verwechslung die Rede. Das Land hieß nicht Engelland, sondern England, und Scarlotta beendete das Thema mit einem Scherz: „Von Wasser umgeben, ist England tatsächlich ein enges Land, zumindest im übertragenen Sinn, denn die Engländer halten sich gern für sich – weniger die einzelnen Menschen, sondern in politischer Hinsicht. Aber eines vereint sie: ihre sympathische Königin." Scarlotta hatte sich in eine so euphorische Gemütsverfassung gebracht, dass sie über Nacht drauf und dran war, eine Modifizierung der englischen Nationalhymne anzustimmen: „God shave the Queen!" Aber ihr Respekt siegte …

Für einige Tage richteten die Schwestern sich gemeinsam in einer kleinen Pension ein. Als Bianca in ihrem Zimmer nach Scarlotta rief und diese sich nicht rührte, bequemte Bianca sich nach nebenan. Scarlotta war ausgeflogen, natürlich nur im übertragenen Sinne. Seltsamerweise stand ihre Handtasche auf dem Tisch – sperrangelweit offen. Bianca, sonst eher diskret, konnte sich nicht verkneifen, einen Blick hineinzuwerfen und konnte ihre Überraschung nicht fassen. Ein Zettel lag darin, so ähnlich wie der Zettel, den die nächtliche Erscheinung vor wenigen Tagen in der Hand gehabt hatte. Oder sogar vom selben Schreibblock? Anders als ihre um eine Nuance moralisch stabilere Schwester besann Bianca sich, auf ihre Erziehung und die guten Sitten zu pfeifen und den Zettel zu greifen.

Als sie ihn las, erschauerte sie ein weiteres Mal. Was auf dem Zettel stand, wird der Lesergemeinde Wort für Wort erst später enthüllt, verraten sei jedoch immerhin schon jetzt, dass es eine Ansprache von Schwester zu Schwester war. Außerdem schien der Zettel zu beweisen, dass Bianca im Glashaus nicht geträumt hatte. Die Erscheinung war keine Traumgestalt und auch keine Halluzination gewesen: Es war Schwester Scarlotta – aus Fleisch und Blut. Und der Zettel sprach von ihrer existentiellen Seelennot. Bis jetzt hatten die Schwestern noch nicht über den Zettel und besagte Nacht gesprochen. Vermutlich, weil sie Stunden später einander hautnah gegenübergestanden und gemeinsam das Leben des kleinen Mädchens gerettet hatten.

Nachdem Bianca gesprächsweise auf den Zettel zurückgekommen war, schworen die beiden einander Stein und Bein und dann – wie es sich für Engel ziemt – hoch und heilig einander nicht nur, bis in alle Ewigkeiten zusammenzubleiben, sondern auch, gegenseitig nie mehr mit etwas hinter dem Berg zurückzuhalten.

Bianca bestätigte Scarlotta, dass sie, als sie das kleine Mädchen in Lebensgefahr wähnte, dermaßen schrill geschrien hatte, bis das Glashaus in tausend Stücke auseinanderbrach, aber dass sie im Nachhinein nicht glauben mochte, dass dieser lang gezogene schrille durchdringende Schrei dies bewirkt haben könnte. Und endlich kam heraus, dass Biancas Schrei allein tatsächlich nicht den Zusammenbruch des gläsernen Hauses ausgelöst hatte, sondern dass Scarlotta mit eingestimmt hatte. Und, was selten geschah: Als Preis für die Zerstörung von kostbarem Glas regnete es heftigen Applaus …

Nachdem wie ein schicksalsträchtiger Zwang der geheimnisvolle Zusammenklang der schrillen Schreie der beiden Schwestern aufgeklärt war, erwähnte Scarlotta einen kleinen Jungen namens Oskar, der sich, um das verflixte Erwachsenwerden zu vermeiden, als Dreijähriger eine Kellertreppe hinuntergestürzt hatte. Körperlich war er danach kaum größer geworden, soweit hatte sein Vorhaben gefruchtet, aber den charakterlichen Unbilden, die das Erwachsenwerden mit sich brachte, wie Konkurrenzkämpfen, Verrat, Lügen und Intrigen, war er hilflos ausgesetzt und zeitweise sogar zum Opfer gefallen, sofern er das eine und andere Unrecht nicht selbst angezettelt hatte.

Zuvor hatte er als Junge eine spezielle Fähigkeit entwickelt oder bei sich entdeckt, die er wahlweise als Waffe respektive als Gegenwehr einsetzte. Wenn er etwas mit ansehen musste, das er nicht verkraften konnte, dann kreischte er dermaßen ekstatisch, dass jedwedes Glas in beliebiger Größe und Menge zersplitterte. Der Höhepunkt seiner Bemühungen: Er zerdepperte mit seiner schrillen Stimme ein Fenster dermaßen lautstark, dass es seine Mutter und ihren Cousin, die damit beschäftigt waren, tête-à-tête eine Doppelfigur zu bilden, auseinanderriss[1].

Biancas Besuch mit ihrer Schwester bei einem lieben Freund

Kurze Zeit später wanderten die Schwestern Hand in Hand über ausgedehnte Felder und durch Wälder ins Gelobte Land zu jenem Hirten, dem bezüglich des Verlaufs dieser Geschichte maßgeblicher Anteil gebührt – aus mehreren Anlässen. Schützling Bianca sehnte sich danach, ihren ehemaligen Wohltäter wiederzusehen, auch um ihn und ihre Schwester, von deren Existenz er bisher nur gehört hatte, miteinander bekannt zu machen – und ihm zu erzählen, unter welch dramatischen Umständen es zu ihrem Wiedersehen gekommen war.

Plötzlich sah Bianca ihren Hirten hintergründig an und fragte ihn, ob er sich erinnere, was sie ihm als einen der wichtigs-

---

[1] siehe Roman „Die Blechtrommel" von Günter Grass

ten Gründe genannt hatte, weshalb sie Scarlotta über alle Maßen vermissen würde außer ihren früheren kindlichen Küssen. Anders als Bianca verfügte der Hirte trotz seines vorgerückten Alters über ein vorzügliches Gedächtnis, und so sagte er: „Du hast mir versichert, dass du ohne sie nicht existieren könntest, was ein wenig übertrieben klang."

Bianca erklärte dem Hirten, das sei nicht übertrieben, sie könne es sogar beweisen. Da wandte sie sich an ihre Schwester: „Zeige ihm bitte den Zettel, den du an mich gerichtet hast und den ich später entdeckt habe. Verzeih mir aber vorher noch mal meinen dreisten und geschmacklosen Griff in deine Handtasche."

Selbstverständlich hatten die Schwestern sich miteinander abgesprochen, um sich an dem konsternierten Blick des Hirten zu weiden, wenn er diesen ominösen Zettel zu Gesicht bekäme – mit einem Gedicht. Er nahm ihn jetzt in die Hand und las ihn auf Bitten der Schwestern hin laut vor:

> „Liebstes Schwesterherz!
> Es ist kein Scherz.
> Jahr ein – Jahr aus
> bin ich raus aus dem Haus
> und außer Rand und Band
> von Pontius bis zu Pilatus gerannt,
> in dem Bestreben,
> dich ausfindig zu machen
> und musste oft weinen, anstatt zu lachen.
> *Denn ich kann ohne dich nicht mehr leben ...*"

Also hatten beide Schwestern unabhängig voneinander – vielleicht sogar zur selben Zeit – ein fast gleich lautendes elementares Geständnis abgegeben – über viele Entfernungen hinweg, was den Hirten tief bewegte. Der einzige Unterschied: Scarlotta hatte mehr Worte gemacht und diese gereimt.

Nachdem der Hirte sich von seiner freudigen Überraschung erholt hatte, wollte Bianca von ihm wissen, wieso er so viel über seelische Vorgänge wisse und diese deuten könne – wie ein Seelsorger. Da der Hirte sich nicht aufspielen wollte und mit der Antwort zögerte, sprang Scarlotta für ihn in die Bresche: „Er ist von Berufs wegen Hirte, Hüter oder, wie die Engländer sagen würden, ein Guard. Das gilt für unzählige Lebewesen, nicht nur aus der Tierwelt, auch bezüglich von Menschen – warum nicht auch für uns Engel." Und alle drei lachten.

Zu guter Letzt wollten die Schwestern ihm etwas zeigen, weshalb sie vor ihm gegenseitig ihre Rücken entblößten. Und so endet die Geschichte so ähnlich, wie sie begonnen hat – mit umgekehrten Vorzeichen. Kein Wunder in Anbetracht von eineiigen Zwillingen: Bei beiden zeigten sich Anzeichen neuer Flügel. Natürlich ahnte der Hirte den Grund. Beide Schwestern litten zunehmend unter Heimweh. Offenbar hatte ihr Vater im Himmel – vielleicht war es auch eine Mutter – ein Einsehen und entschieden: Sobald die Flügel nachgewachsen seien, dürften sie heimfliegen, und da sie inzwischen auch starke Bindungen zur Erde geknüpft hatten, würden die Flügel ihnen erhalten bleiben, sodass zumindest besuchsweise auch hin und wieder Flüge auf die Erde möglich seien. So sprach der Hirte zu den erfreuten Schwestern und gab ihnen dann ein verwirrendes Rätsel auf: „Was haben Himmel und Erde gemeinsam, damit Engel wie ihr euch dort auf angemessene Art flügelschlagend fortbewegen könnt?"

Die Schwestern steckten die Köpfe zusammen – nicht unter einem Flügel, so weit war das Wachstum ihrer Flügel noch nicht gediehen, sondern hinter einer großen Zimmertanne – und antworteten dann sinngemäß wie aus einem gemeinsamen

Mund: „Gemeinsam ist Himmel und Erde die Luft. Speziell und sichtbar konzentriert als Wolken, denn Flügel müssen sich von irgendetwas abstoßen, damit wir Engel und auch die Vögel in der Höhe vorankommen – sowie die Menschen mit ihren Ballons, Fliegern und Raketen."

Der Hirte tätschelte ihnen anerkennend die Wangen, schob aber noch eine fatale Frage nach: „Und wie gelangen zwei Engel als Duo vom Himmel auf die Erde und zurück, da die Zwischenräume luft- und wolkenleer sind?" Diese anzügliche respektive auf sie selbst gemünzte Frage blieb unbeantwortet, nicht nur von den engelhaften Schwestern – bis heute. Die Diskussion darüber ergäbe eine neue Geschichte. Aber es gibt auch eine einfache Erklärung: Unterwegs im luftleeren Raum gibt es keine Schübe, es wird aber auch kein Einhalt geboten. Also würden die Schwestern so lange fliegen, bis sie gestoppt würden, in ihrem Fall durch Landung auf der Erde und zurück durch das Himmelsgewölbe, falls ein solches existiert.

Nachdem die Schwestern sich bei ihm bedankt hatten, beichtete er Bianca ein Versäumnis: „Als es den Anschein hatte, du würdest beide Flügel einbüßen, hast du den Verdacht geäußert, kein Engel zu sein, sondern nur ein Mädchen mit schwarzen Haaren und grünen Augen, und ich alter störrischer Esel habe dir nicht widersprochen, vermutlich nicht, um dir meinen Zuspruch zu verweigern, sondern weil mich dein Verdacht, kein Engel zu sein, traurig stimmte. Inzwischen ist mir bewusst geworden: Engel bleibt Engel, auch wenn er seine Flügel eingebüßt haben sollte."

Dann fügte er irdische Beispiele und Ausnahmen hinzu: „Wenn ein Mann durch Krankheiten oder Verletzungen die Fähigkeit einbüßt, Kinder zu zeugen, bleibt er trotzdem ein Mann. Aber wenn ein Vater Frau und Kinder verlässt, weil er genug von ihnen hat (vornehm ausgedrückt: weil er ihrer überdrüssig geworden ist) und sie im Stich lässt, hört er auf, Vater zu sein und hat auch moralisch das Recht verloren, sich Vater nennen zu dürfen. Es sei denn, er würde sich weiter um Frau und Kinder kümmern, zu ihrer Ernährung beitragen und das Bedürfnis spüren, sie regelmäßig zu sehen und mit ihnen etwas zu unternehmen."

Scarlotta pflichtete ihm bei, runzelte aber dann die Stirn, denn sie spürte das Bedürfnis, eine Lanze für Männer zu brechen, und so fügte sie hinzu, dass dieses vom Hirten angeführte Beispiel selbstverständlich auch für Frauen alias Mütter gilt, denn es gibt, davon kann manches Kind ein trauriges Lied singen, auch Rabenmütter, die ihre Sprösslinge im Stich lassen und diese dem Vater, weiteren Verwandten oder Freunden überlassen – sogar dubiosen Heimen mit entsprechenden Insassen oder Pflegefamilien.

Bianca argumentierte, da der Hirte kein Vater sei, würde ihn das Thema nicht betreffen. Er aber widersprach: „Als Hirte fühle ich mich nicht nur als Behüter von Tieren, auch von Menschen, speziell von Kindern, und solange ich körperlich, geistig und seelisch dazu in der Lage bin, wird sich daran nichts ändern – siehe oben." Doch dann gab er zu bedenken, wie erwähnt, hätte er leider zu Beginn bei Bianca versagt, aber die Mädchen sprachen ihn frei …

Den vorläufig letzten Abend verbrachte das Trio dem Anlass entsprechend bei Harfenklängen und einem Gläschen Wein. Als sie gegen Mitternacht vor die Tür der Hütte traten und sich am Anblick der Mondsichel und des von Sternen übersäten Himmels berauschten, entdeckten sie plötzlich eine Sternschnuppe. Die Wünsche, welche das Trio im Herzen hegte, behielt es der Landessitte entsprechend für sich, um deren Erfüllung nicht zu gefährden, aber der Hirte konnte irgendwann nicht mehr den Mund halten und kleidete seinen Wunsch in eine Frage an seine

Gäste, die er eindringlich ansah, wie um ihnen zu vermitteln, dass sie gemeint seien: „Gesetzt den Fall, in nicht allzu weit entfernter Zeit ziehen dort droben zwei Engel ihre Bahn, die als solche nicht zu erkennen sind – als welche Erscheinungen werden sie vermutlich wahrgenommen?"

Bianca antwortete so schnell, wie aus einer Wasserpistole geschossen: „Sie werden als unbekannte Flugobjekte wahrgenommen – also als Ufos."

Daraufhin spann der Hirte seinen Ablenkungsversuch weiter: „Und wenn jemand zu Eurer Kurzweil eine Abkürzung für den Begriff Flugobjekte benützen würde? Hat jemand einen Vorschlag?"

Bianca erwiderte: „Tu nicht so scheinheilig. Du hast längst eine Abkürzung aus dem Hut alias oder aus deiner Fellmütze gezaubert. Also raus damit!"

Der Hirte gestand kleinlaut: „Bekfos."

Scarlotta brauchte keine Sekunde zur Übertragung: „Bekfos ist todsicher eine Wortschöpfung von dir und steht für Bekannte Flugobjekte." Da lachten alle drei herzhaft, woraufhin Scarlotta ihre Schwester auf die Augenlider küsste.

Bianca bedankte sich artig, fragte aber dann irritiert nach dem Grund: „Das hast du noch nie gemacht oder fertig gebracht. Warum jetzt?"

Da lüftete Scarlotta das letzte Geheimnis um die Zwillingsseligkeit der Schwestern mit einem Reim: „Jedes Mal, wenn du beschwingt bist bis zur Ekstase, kräuselt sich deine hübsche kleine Nase, und deine schönen grünen Augen phosphoreszieren. Diesen Anblick möchte ich nie mehr verlieren …" Der Hirte nickte, und so erfuhr Bianca etwas über sich selbst, das ihr bisher unbekannt gewesen war.

Nachdem sie wieder in die Hütte zurückgekehrt waren und während sie sich noch einen Schluck Wein zu Gemüte führten, gab der Hirte noch eine Anekdote zum Besten: „In Australien existieren geflügelte Lebewesen, wohl gemerkt keine Fabeltiere. Wenn zwei sich ineinander verlieben, neigen sie dazu, gegenseitig an ihren Flügeln zu knabbern oder sogar, wenn sie es wagen, diese abzunagen. Das erinnert mich an einen Ausspruch eines Menschen über einen anderen: ‚Ich würde dich aus lauter Liebe am liebsten von oben bis unten auffressen.' Was das australische Liebespaar betrifft, so bleiben sie ihr Leben lang zusammen."

Kaum hatte der Hirte diese nette Schmonzette erzählt, die den Gegebenheiten entspricht, steckten die beiden Schwestern die Köpfe zusammen, tuschelten und kicherten, und die ein wenig eloquentere Scarlotta gestand dem Hirten: „Auch Bianca und ich möchten unter allen Umständen unser Leben gemeinsam verbringen, aber im Gegensatz zu unseren australischen Antipoden – vermutlich handelt sich um eine Krabbenspezies – werden wir unsere Meinungsverschiedenheiten schlichten, denn wir sind nicht bereit, auf unsere Flügel zu verzichten …"

Der letzte Satz dieser Geschichte gebührt der Initiatorin Helga, als sie die Wiedervereinigung von Bianca mit ihrer Schwester Scarlotta plante, aber von der Verwirklichung noch nichts ahnte. Helga hatte geschrieben, und dieser letzte Satz war in der Diktion so ähnlich gehalten wie der erste Satz: „Nachdem der Engelin (damals noch ohne Namen) wieder Flügel gewachsen waren, verließ sie die Erde und stimmte zusammen mit den anderen Engeln ein in den Lobpreis der Herrlichkeit Gottes …"

Wenn es Helga vergönnt gewesen wäre, Biancas Zwilling in die Geschichte einzubeziehen, hätte sie anstatt über Bianca über die Zwillinge geschrieben, welche die Erde verlassen und die Herrlichkeit Gottes gepriesen hätten …

Falls jemand aus der Leserschaft der Autorin unterstellt haben sollte, sogar selbst Zweifel daran gehabt zu haben, Bianca sei ein Engel gewesen, sind diese Zweifel durch Helgas letzten Satz gegenstandslos geworden, denn sie ließ Bianca Flügel wachsen. Bianca hatte allenfalls Selbstzweifel, die auch zeitweise ihren Hirten überkamen ...

Nachwort

Der Einfall, Biancas Schwester Scarlotta in die Geschichte einzubinden und beide Schwestern szenisch zu vereinen, wodurch das Ende der Geschichte sich zwangsläufig dramatisch und plausibel entwickelte, war mein Antrieb für das gesamte Geschehen. Ich bin sicher, Helgas Segen zu erlangen, zumal auch sie selbst bei ihren zahlreichen Erzählungen, Hörspielen, Szenen und Theaterstücken entsprechende Kunstgriffe angewendet hat und auch über einen guten Schuss Humor verfügte. Außerdem bedeutet die letzte halbe, von mir im Nachhinein entdeckte DIN-A-4-Seite eine zusätzliche Legitimation in dieser Richtung, zumal Helga, wie ich erst später erfuhr, mehrfach ihr Bedauern darüber ausgedrückt hatte, ohne Schwester aufgewachsen zu sein.

Dass ich im Nachhinein, während ich die Geschichte längst in Arbeit hatte, Helgas mehrfach erwähnte halbe DIN-A-4-Seite entdeckte, bedeutete für die Gesamtentwicklung des Stoffs eine entscheidende Wendung in Helgas Sinne. Bisher mussten die Leser davon ausgehen, Bianca sei die alleinige Triebfeder für das Wiedersehen mit ihrer Schwester Scarlotta gewesen. Aber auf dieser Sonderseite hat Helga dafür gesorgt, dass Scarlotta ihrer Schwester Bianca zu nächtlicher Stunde im Glashaus erschien, was beweist, dass Scarlotta die Initiative ergriffen hatte. Inhaltlich und dramaturgisch betrachtet, ein sehr wichtiger Faktor, der auch für mich als Co-Autor Tür und Tor für das weitere Geschehen beziehungsweise für das Wiedersehen der Schwestern weit aufstieß.

Sinnigerweise hatte Helga auf ihrem Sonderblatt die Überschrift „Versuch einer Lösung" gewählt. Was war gemeint? Die Lösung von welchem Problem? Wie die Wiedervereinigung zu bewerkstelligen sei? Oder die Verhinderung? Oder was sonst? Missverständnissen war Tür und Tor geöffnet. Das kann in der Literatur zu Spannung führen, aber auch ins Chaos. Immerhin trat Scarlotta auf den Plan. Genauer gesagt, sie erschien am Glashaus – in der Hand jenen Zettel, den sie durch die Scheiben des Glashauses ihrer Schwester unter die Nase hielt. Was bezweckte Scarlotta damit? Beziehungsweise was bezweckte Helga?

Es war mitten in der Nacht, und es gab kein Licht. Auch nicht von einer Laterne im Umkreis des Glashauses. Bianca hatte folglich keine Chance, den Zettel ihrer Schwester zu entziffern. Und wieso zog Scarlotta unverrichteter Dinge wieder ab und kam nicht wieder, um ihre Schwester zu befreien? In irgendeiner Fassung ließ Scarlotta sich sogar blicken und schloss die Tür des Glashauses auf, sodass Bianca dieses ohne weiteres hätte verlassen können. In diesem Fall wäre die hochdramatische Explosion des Glashauses sinnlos gewesen und die Geschichte hätte einen sanften Verlauf genommen.

Es gab noch weitere ungelöste Fragen, die ich Helga nicht stellen konnte, da ich dieser Notizen erst nach Helgas Tod habhaft wurde. Die wichtigste Frage lautete: Wieso ist Helga nichts eingefallen, wie sie die Schwestern hätte zusammenbringen können, nachdem eine Kommunikation am Glashaus mitten in der Nacht gescheitert war und auch scheitern musste? Warum sperrte Helga sich, mit mir darüber zu sprechen, und erwähnte Scarlotta nur nebenbei, ohne preiszugeben, was sie über Scarlotta geschrieben hatte und was alle möglichen Dispositionen ermöglicht hätte? Helga versteifte sich auf die Behauptung, aus ihrer Sicht sei unter den gegebenen Umständen keine glaubwürdige literable Möglichkeit gegeben, die Schwestern zusammenzuführen. Bevor ich Gelegenheit hatte, ihr Lösungen anzubieten, ist sie leider von uns gegangen. Es ist alles äußerst geheimnisvoll. Aber da Helga mich sogar engagiert autorisierte, eine Lösung nach meiner Wahl zu finden, habe ich dies als Vermächtnis aufgefasst und erfüllt …

Mein letzter Satz über diese mysteriöse Angelegenheit: Dass die Schwestern Bianca und Scarlotta literarisch so viel Zeit benötigten, um einander wiederzufinden, ist bedauerlich, aber zum Verständnis für Helgas Enkelinnen vielleicht angemessen, da sie inzwischen längst über den Status kleiner Mädchen hinausgewachsen sind …

Unterm Apfelbaum
„Mama! Fällt Manna vom Himmel?"

zum Thema „Sind Tiere die besseren Menschen? "

Im Bundesland Niedersachsen, wo anders als in Sachsen leider keine schönen Mädchen auf den Bäumen wachsen, sondern in heimeligen Landschaften flanieren und Faxen machen …

Frühlings Erwachen – Kinderlachen …

Vogelgezwitscher. – Jedes Kleinkind kriegt einen Lutscher.

So harmonisch fängt unser Histörchen an.

Wir erinnern uns an eine Story aus dem vergangenen Herbst, die in einem Garten spielte. Sowie an Kinder, die im Frühjahr ihren Robby, einen kleinen Rasenmäher, sehnlich aus seinem Winterschlaf zurückerwarteten. Wer diesen mit kleinen Fotos begleiteten Text nicht kennt und daher nicht besitzt, ist jetzt ins Bild gesetzt …

Also, in jenem Garten steht der oben in der Überschrift erwähnte Apfelbaum. Ihm zu Füßen, nicht weit von seinen Wurzeln entfernt, tummelt sich eine große Schar von kleinen Vögeln, die emsig pieken. Die Kinder und auch die älteren Leut' fragen sich: „Was gibt's zu pieken in der Frühlingszeit?"

Ulrike, Garteninhaberin und Tante der Kinder, denkt seltsamerweise an Moses, der sich rund 1250 Jahre vor Christus auf Gottes Bitte hin erbötigte, das Volk Israel von Ägypten, wo sie versklavt worden waren, durch eine Schneise im Meer und durch eine Wüste ins Ostjordanland zu führen. Satte vierzig Jahre benötigte Moses und schaffte es leider nicht mehr lebend. Doch das Volk war gerettet.

Aber wieso dachte Ulrike jetzt an ihn? In der Bibel steht, während einer Hungersnot sei Mannabrot vom Himmel gefallen, und so schaute sie unwillkürlich nach oben, ahnte jedoch nicht, was diese auf den ersten Blick hin abstruse Gedankenverbindung künftig bei ihr auslösen und wie sie sich auf die Geschichte auswirken würde.

Zunächst entdeckte sie dort oben etwas Handfestes, aber Harmloses: einen kleinen Ast vom Apfelbaum, der sich neugierig vom Stamm abgezweigt hatte. An diesem Zweig baumelte ein Meisenknödel, der aus dem vergangenen Winter übrig geblieben war und den Ulrike jetzt im Frühling, also zur Unzeit, an den Ast gebunden hatte. Eine große Meise fand diese Zeit jedoch angemessen, war aus einer Baumgabel abgeflogen, hatte sich an dem Knödel festgekrallt und hackte in atemberaubender Geschwindigkeit mit ihrem Schnabel klitzekleine Bröckchen zu Boden, um ihrem Nachwuchs, der jetzt in einer aktuellen Schlechtwetterperiode ebenfalls Hunger litt, Futter zu verschaffen. Und die Kinderschar jubilierte …

Nachdem die Kinder sich wieder in der Stube versammelt hatten und Ulrike zufällig den Fernseher ins Visier nahm, berichtete sie von einer Sendung, die sie wenige Tage zuvor gesehen hatte.

Ein Förster erzählte ebenfalls von Vögeln, aber von verschiedenen Arten und von einem verschwiegenen, abgelegenen Futterhäuschen mitten im Wald. Sobald das Häuschen im Winter, wenn es bitterkalt war, von den Menschen, vielleicht sogar von ihm selbst, mit Futter gefüllt worden war, dauerte es nicht lange, bis der erste Vogel Witterung aufgenommen hatte. Und nun erzählte der Förster, wie verschieden sich etliche Vogelarten nach Entdeckung von Futter untereinander verständigten.

Der Vogel der ersten Art schlug sich egoistisch den Bauch voll, flog davon und kam, sobald er wieder hungrig war, zurück, in der Hoffnung, sich wieder satt essen zu können.

Der Vogel der zweiten Art dachte offenbar sofort an seine Familie sowie an Freunde und rief beziehungsweise pfiff sie herbei, aber da er sehr hungrig war, fing er vorsorglich für sich an zu pieken. Als die anderen ihm Gesellschaft leisteten, schaute er kurz auf, nahm deren Dank entgegen, weil er an sie gedacht hatte, und dann piekte die Schar im Chor.

Und nun zur dritten Art. Sei es, dass die Entdecker des prall gefüllten Futterhäuschens besonders gut von ihren Eltern erzogen worden waren oder dass es an ihnen selber lag: Nachdem sie den anderen durch Pfeifen ein Zeichen gegeben hatten, schauten sie auf, wie um das Häuschen zu bewachen, und warteten, bis die anderen eingetroffen waren, und erst nachdem alle zusammen waren, sättigten auch sie sich.

Wie die Vögel mit ihren Artgenossen Mahlzeit hielten, dies hatte den Kindern imponiert; um welche Arten es sich drehte, dies war Ulrike aber leider entfallen. Anstatt dessen hatte sie etwas anderes behalten, das sich in ihrem Gedächtnis eingenistet hatte.

Der Förster beherrschte die Sprache der Vögel, zumindest insoweit, dass er einzelne Arten herbeipfeifen konnte, und dies bewies er jetzt, indem er zu einer Schulklasse sagte, die er eingeladen hatte: „So, meine Lieben, als Erste rufe ich die Stare." Dann stieß er einige Pfiffe aus, und in null Komma nix flogen die Stare herbei. Das Nämliche gelang ihm mit anderen Vogelarten, woraufhin einige Kinder so beeindruckt waren, dass sie begeistert behaupteten und sogar lautstark verkündeten, Förster oder Försterin zu werden …

Die Eingangsfrage lautete: Sind Tiere bessere Menschen? Diese Herausforderung könnte so umschrieben werden: Tiere sind nicht besser, was immer das bedeuten mag, sondern verträglicher als wir Menschen. Nur im Extremfall töten sie (außer, sie betrachten ihresgleichen als Mahlzeit), ansonsten töten sie allenfalls spontan, und nicht wie wir Menschen nach Plan und böser und sogar hinterhältiger Absicht – siehe auch die Unterwerfung der Ukraine.

Kriege und sogenannte „Säuberungsaktionen", die auf das Gleiche hinauslaufen, sind unverantwortlich und sinnlos, da von vornherein feststeht, dass alle Beteiligten schwerste Verluste erleiden – auf allen Ebenen: der schlimmste Verlust: Zigtausend vielleicht sogar zig Millionen Tote. Ein Atomkrieg könnte sogar allen Menschen das Leben kosten – also fast acht Milliarden! – und somit unsere ganze Art, den Menschen ausrotten. Dennoch oder eben deswegen delektieren sich einige wenige Macher auf tödliche Kosten am Hinscheiden der Opfer und nehmen zwangsläufig sogar ihren eigenen Tod mit in Kauf …

Diese Anmerkungen waren unabdingbar, um eine Brücke rückwärts zu Moses zu schlagen. Im Garten, wo Ulrikes Apfelbaum stand und weiterhin steht, stellte sich die Frage (gottlob nicht den Kindern, sondern Ulrike und den weiteren Erwachsenen), ob Moses schon damals ahnte, wie verheerend sich die Menschen im Laufe der nächsten Jahrtausende bis anno 2022 entwickeln würden.

Damals, zu Moses Zeiten, herrschte ebenfalls Unterdrückung, aber Moses war es immerhin, wie erwähnt, vergönnt, sein Volk in ein gelobtes Land zu führen, wohlgemerkt unbehelligt – aber das war ein Irrtum. Moses hatte mehrfach mit dem Pharao in Ägypten verhandelt. Manchmal hatte der Pharao zugestimmt, die Israelis ziehen zu lassen, doch dann hatte er ihnen – harmlos ausgedrückt – Knüppel zwischen die Beine geworfen. Die Parallelen zur heutigen Zeit sind frappierend – einschließlich der nebensächlichen Tatsache, dass der erste Buchstabe der Namen der Machthaber identisch ist – „P": siehe Pharao und Putin!

Die Entwicklung der Menschheit beweist sich darin, dass auch eine aktuelle Macht versicherte, von ihr bedrohten Menschen zu „erlauben" ihre Heimat verlassen, also heimatlos werden zu „dürfen". Aber diese Macht hintertreibt ihre Erlaubnis und schießt auf etliche Flüchtlinge und deren Helfer, weitere Opfer werden sogar erschossen.

In Tausenden von Jahren haben sich die Menschen in ihrem Machtgehabe also immer negativer verändert. Positiven Entwicklungen etwa im Gesundheitswesen sowie im Bereich Technik und Ökonomie wiegen die Stagnation, sogar Eskalation im miesen Machtgehabe nicht auf.

Fazit: Die genannten Ziele der Machthaber und die von ihnen angewendeten Mittel bilden im Kontext mit zahlreichen Widersprüchen und unterlaufenen Vereinbarungen ein krasses Missverhältnis. Wenn Ziele und Mittel nicht unverzüglich angeglichen werden, endet die Menschheit in tödlichem Desaster.

So bitter die Erkenntnis auch sein mag: Tiere sind zweifelsfrei tatsächlich besser, sogar wesentlich besser als wir Menschen es sind …

Zum Abschluss noch einige versöhnliche Worte – wegen besagtem Apfelbaum. Er ist schon so alt, dass er während der letzten Jahre immer weniger Blüten getrieben hat, und die meisten seiner wenigen Früchte sind jeweils Opfer von Würmern geworden. Aber keiner hat es übers Herz gebracht, auch den Kindern zuliebe, dem Senior auch nur einen kleinen Ast zu stehlen, geschweige, ihn zu fällen …

Wenige Wochen nach den Meisenspeisen, dem ein Gast aus Westdeutschland beigewohnt hatte, kam dieser Gast wieder zu Besuch. Als er den Garten betrat, fielen ihm fast die Augen aus dem Kopf. Der uralte Apfelbaum schien einer wundersamen Verjüngungskur unterzogen worden zu sein oder sich an einem

Gesundbrunnen gelabt zu haben. Jedenfalls prangte er in voller Blütenpracht wie einst im Mai, und nun sind alle gespannt, welche Früchte er treiben wird.

Die Kinder scheinen es zu wissen, jedenfalls haben sie sich in die Lage der kleinen Meisen versetzt, und diese gingen nach Meinung der Kinder davon aus, nachdem sie geschlüpft waren, nicht mehr unmittelbar von ihren Eltern gefüttert werden zu müssen. Sie könnten selbst auf Futtersuche gehen und würden das Futter zu Füßen und zwischen den Wurzeln des Apfelbaums finden. Dieser hätte ihnen das Futter gestreut, indem er mit Unterstützung des Windes mit seiner Krone genickt. Deshalb hätten die Mäuschen, nein, die Meischen, sich während ihres spielerischen Herumfliegens auf dessen Ästen niedergelassen und ihm geholfen, wieder Blüten zu treiben …

Das klingt sehr abenteuerlich und sogar vermessen, sorgt aber dafür, dass unsere Geschichte angemessen endet.

Rinder und kleine Kinder
gegen Gitter und Gewitter

– aufgezeichnet nach einem tatsächlichen Ereignis –

Ein Sommernachmittag in einer waldreichen Gegend in Bayern. Aber es ist äußerst schwül, schließlich kommt Gewitterstimmung auf. Viele Urlauber, auch Gerlinde und Gerry, sind während ihrer Wanderung fast am Ende eines Waldes angelangt und streben einem kleinen Dorf zu, um sich in Sicherheit vor Blitz, Donner und Regengüssen zu bringen.

Bevor der Waldweg eine Biegung macht, vernehmen sie plötzlich laute klägliche Stimmen – nicht nur von Kindern, auch von Rindern. Präziser ausgedrückt: von Mädchen und Jungen und von weiblichen Rindern alias Kühen. „HUH! HUH!" und „MUH! MUH!" Es klingt, als würden die Kinder von den Kühen nachgeäfft oder umgekehrt.

Nachdem die Spaziergänger die Biegung vollzogen haben, sehen sie zur Linken, dass der Wald gelichtet wurde, um für eine Kuhweide Platz zu schaffen. Dort machen sich die Kinder und Rinder zu schaffen, aber in seltsamer Anordnung. In der Vorderfront die Kinder, aber vergeblich, denn das Gitter versperrt ihnen den Ausgang. Hinter den Kindern befinden sich die Rinder, dem Anschein nach zunächst unschlüssig.

Plötzlich setzt sich eine Kuh, die mächtigste und prächtigste von allen, in Bewegung Richtung Gitter, aber so gemächlich, als wolle sie die Kinder nicht erschrecken, und so haben diese Zeit und Gelegenheit, ehrfürchtig zur Seite zu treten. Die weiteren Kühe, etwa ein Dutzend, verharren, offenbar gezielt, wie abgesprochen. Jedenfalls macht die mächtige Kuh sich mit ihrem Gehörn am Gitter zu schaffen, zunächst, wie um sich zu orientieren. Selbstredend hat sie keine Möglichkeit, das aus ihrer Sicht aus gekreuzten Stahlstäben und Metallschlössern bestehende Geflecht von Sicherheitsvorkehrungen außer Funktion zu setzen.

Später zitiert einer der zuschauenden Spaziergänger, die ebenfalls bezüglich der Technik ahnungslos und hilflos sind, unseren Dichterfürsten Goethe, indem er, als Spaziergänger, behauptet, die Kuh hätte das Gitter sinngemäß angesprochen: „Bist du nicht willig, dann brauch ich Gewalt." Schließlich schiebt sie sich so vor das Gitter, dass sie diesem ihre rechte Flanke zuwendet. Nach Erkenntnis ihrer Fehleinschätzung, die sie mit Kopfschütteln beantwortet, dreht sie sich so, dass ihr massiger Schädel auf das Gitter zielt.

Alle Welt, genauer gesagt die dämlichen Zuschauer und Zuschauerinnen aus der Menschenwelt, denken: „Ist die Kuh so behämmert oder belämmert, dass sie versucht, mit ihren Hörnern die schweren Metallverbindungen auseinanderzureißen?"

Weit gefehlt. Sie hebt das rechte Bein und presst den Huf auf das Gitter. Mit ihren ungeahnt entwickelten Kräften gelingt es ihr: Das Gitter sinkt zu Boden. Dann folgt die gleiche Prozedur mit dem linken Bein und dem entsprechenden Huf, und so bringt die Kuh es fertig, dass die Barriere sich so weit am Boden befindet, um nicht zu sagen windet – sie ist ja nicht starr –, dass die zuvor Eingeschlossenen ins Freie gelangen können.

Aber nun die faustdicke Überraschung: Die Kühe verharren wie angewurzelt, und die Spaziergänger schwören später Stein und Bein, die Kühe seien zunächst stehengeblieben, um den Kindern Vortritt zu gewähren, sodass diese nach wenigen Augenblicken und Zuspruch der Spaziergänger entsprechend vorsichtig über das von der Leitkuh niedergedrückte Gitter steigen und den Waldweg betreten. Nun erst folgen die Kühe, und die Leitkuh verharrt mit ihrem massigen Körper, bis ihre Kollegen sich auf den Weg gemacht haben Richtung des Dorfes, den sie kennen.

Immerhin sind die Spaziergänger einschließlich Kinder so respektvoll, ihren Lebensrettern nicht ins Gehege zu kommen und ihnen vorsichtig zu folgen. Kurze Zeit später sehen sie dann, nachdem sich der Wald endgültig gelichtet hat und die Herde im Freien ist, dass sie von ihrem Hirten in Empfang genommen und in den Stall geführt werden, soeben rechtzeitig, bevor ein besonders heftiges Gewitter niedergeht. Dieses kann auch den Spaziergängern und Kindern nichts anhaben; sie finden Zuflucht im Dorfkrug, wo sie sich von innen begießen …

Rita Neugebauer

Sind Tiere die besseren Menschen?

Ja, auch ich lebte lange mit einem Haustier zusammen. Es war unsere Katze „Minka", eine kleine schwarz-weiß gefleckte Schönheit. Sie wohnte ihre ersten Lebensjahre bei einer alten Frau, die diese Katze immer auf ihrem krummen Buckel herumtrug. Das Futter für die Mieze bestand überwiegend aus Kartoffelschalen.

Meinem Vater tat die Katze leid. Immer nur dieses Futter? Und Katzen sind doch Fleischfresser oder Fischfresser? Also sprach er kurz entschlossen die alte Dame an, und flugs war das Kätzchen in unserer Wohnung.

Es dauerte nicht lange, und die Minka war der Liebling unserer Familie. Und besonders mochte sie mich. Ich konnte alles mit ihr machen. Nur am Schwanz ziehen, da war sie eigen. Sie blickte mich böse an, wenn ich auch nur meine Hand zückte, um das Schwänzchen lang zu ziehen. Also unterließ ich die kleine Tierquälerei. Gerne ließ sie sich auch von mir hoch in die Lüfte schleudern. So hatten wir viel Spaß miteinander.

Eines Abends, es ging so gegen Mitternacht, stand Minka vor dem Bett meines Vaters und mauzte ganz laut und fürchterlich. Mein Vater, noch ganz verschlafen, herrschte unsere Katze an: „Sage mal, Minka, was willst du mitten in der Nacht, und warum miaust du?" Sie rannte nur aufgeregt zur Eingangstür. Und siehe da – der Schrecken war groß – die Wohnungstür stand einen Spalt weit offen. Irgendjemand aus der fünfköpfigen Familie hatte vergessen, die Tür zu schließen.

Nun lobte mein Vati unsere Katze und streichelte sie ganz sanft über den Rücken. Und Minka schnurrte vor sich hin, sprang auf mein Bett und schlief dem Morgen entgegen.

Am nächsten Morgen besprachen wir alle die Lage. Minka, die sonst, falls die Eingangstür am Tage mal offen stand, sofort losflitzte und die oberen Etagen erstürmte. Es war schwer, sie wieder einzufangen, denn sie war eine Stubenkatze ohne Ausgang nach draußen.

Was ging wohl in ihrem Katzengehirn vor, als sie die offene Wohnungstür vorfand?

Das andere Mal hatte unser Haustier das Leben unserer Familie gerettet. Unsere Speisen wurden mit einem Gasherd zubereitet. Es brutzelte und dampfte täglich, dass es nur so krachte. Es mussten ja fünf hungrige Mägen gestopft werden. Meistens kochte meine Mutti unser Mittagessen, das oft recht armselig ausfiel. Aber unsere Minka bekam immer ihren Fisch. Fast immer war es Kabeljau.

Leider hatte meine Mutti die Angewohnheit, erst den Kochtopf auf den Herd zu stellen und danach den Gasanzünder zu betätigen. So muss es ihr einmal entgangen sein, dass das Gas gar nicht angezündet war, und das gefährliche Gefahrgut strömte in unsere Küche. Nach einer ganzen Weile wurde unsere Minka unruhig. Sie rannte vom Wohnzimmer in die Küche und das ein paar Mal hintereinander. Meine Mutti saß im Zimmer und stopfte Socken. Ja, es war eine harte Nachkriegszeit. Vor meiner Mutti miauend blieb unsere Katze stehen und rannte wiederum in die Küche an den Gasherd.

Und da dämmerte es meiner Mutti. Sie reagierte blitzschnell. Der Gasherd wurde abgedreht, die Fenster bis zum Anschlag geöffnet, und wir mussten ins Bett. Wir warteten eine geschlagene Stunde. Ganz vorsichtig schälten wir uns dann aus unseren Betten. Es lag kein Gasgeruch mehr in der Wohnung. So konnten wir endlich aufatmen. Unsere Minka hatte uns das Leben gerettet. So viel Streicheleinheiten wie an diesem Tag bekam sie ihr ganzes Leben nicht wieder. Und dieses Leben währte 12 Jahre. Sie ist leider ganz jämmerlich gestorben. Aber darüber möchte ich hier nicht schreiben.

Da wir keine Haustiere danach mehr besaßen, möchte ich aber aus unseren Tierbeobachtungen in unserem Garten berichten, die doch meist sehr interessant, lustig bzw. aufregend waren.

Da war erst einmal LUMPI.

Es war herrlichste Vorsommerzeit. Die Vögel tirilierten im Sonnenschein und bauten ihre Nester. Wir hatten in unserem Garten viele Nistmöglichkeiten stehen, hängen oder auf glattem Rohr befestigt. Und siehe da, unsere Nistmöglichkeit am Rohr wurde gerade von einem Kohlmeisenpärchen besichtigt und für gut befunden. Fleißig fütterte der Vogelvater die Vogelmutter, da sie ja ständig auf den kleinen Eiern saß. Sie brütete.

Vorsorglich bestückten wir für die werdenden Vogeleltern unsere Meisenknödel- und Sonnenblumenkernvorräte. Man konnte nur erahnen, aber nicht genau wissen, wann endlich aus den Eiern kleine Kohlmeisen schlüpfen würden.

Des Öfteren führte unser Weg an dem Vogelnest vorbei, um zu hören, ob es schon zwitscherte. Und siehe da, nach etwa zwei Wochen intensiver Brut mussten die kleinen Meisen geschlüpft sein. Es piepste ganz zart aus dem Meisenkasten.

Nun ging aber das Füttern erst richtig los. Unermüdlich brachte der Vogelvater Nahrung an das Futterloch, das dann gierig von der Vogelmutter entgegengenommen wurde. So fütterte der Kohlmeisenvater seine Frau, die dann ihrerseits die Küken fütterte. Und unser Knödelangebot wurde ständig angeflogen.

Wir konnten uns nicht genug sattsehen und freuten uns sehr über den kommenden Ausflug der Jungvögel.

Aber eines Morgens flatterte ganz aufgeregt der Vogelvater vor unserem Tisch, an dem wir genüsslich das Frühstück einnahmen. Er flog zwischen Meisenknödelhalter und Nest ständig hin und her. Und da sahen wir, dass keine Nahrung mehr zum Füttern vorhanden war. Er lispelte vor sich hin: „Seht ihr nicht, dass ich nichts mehr zum Futtern habe?" Schnell machten wir seinem Hunger ein Ende und bestückten die Hängevorrichtung wieder mit etlichen Meisenknödeln.

Wir wussten, dass Jungvögel nach dem Schlüpfen unbedingt Fettnahrung aufnehmen müssen. Sonst können sie nicht überleben. Und da sahen wir uns auch zum ersten Mal unseren Vogelvater genau an. Sein Streifen auf dem Bauch war total unordentlich. Er sah wild und zersaust aus. Und damit erhielt er seinen Namen: Lumpi!!

Die Jungvögel wurden ca. 20 Tage lang intensiv gefüttert. Dann sagten vier junge Kohlmeisen ade und wir sahen sie nicht wieder!

Mäuse

Ja, diese Mäuse, in welcher Vielfalt sie uns amüsierten und erschreckten, zeigen die folgenden Schilderungen.

Eine Mäusemutter wollte ihren Jungen, es waren drei an der Zahl, zeigen, wie und wo man gutes Futter ohne viel Zutun bekommen kann. Der Ort ihrer Begierde war eine Vogelvoliere, in der wir wunderschöne Kanarienvögel hielten. Diese trällerten den ganzen Tag, manchmal auch am Morgen in aller Herrgottsfrühe. Und natürlich gab es an diesem Ort auch viel Körnerfutter. Denn diese unordentlichen Vögel suchten nur das Feinste aus dem großen Angebot heraus, das andere Futter flog auf den Boden. Und das hatte die Mäuse-Mutter bemerkt.

Sie führte ihre drei Kinder zu der Voliere und zeigte ihnen

die unermesslichen Schätze eines Futterüberflusses. Die jungen Mäuse waren aber schon recht groß und mollig, sodass sie nicht von alleine durch das Gitter der Voliere kamen. Da machte die Mäusemutter kurzen Prozess. Sie schob die kleinen dicken Mäusekinder durch die Öffnungen am Gitter, sodass diese, drinnen angekommen, schmatzend das herrliche Futter verspeisen konnten.

Die Alte wartete geduldig draußen auf die Rückkehr ihrer Kinder. Diese konnten aber nicht genug bekommen. Ganz aufgeregt rannte die Mutter vor dem Gitter hin und her und piepste dazu laut. Denn bald begann die Dämmerung, und kleine Mäuse haben in dieser Zeit nichts draußen zu suchen. Ein energischer Pfiff ertönte. Und schon schoben sich die gefüllten Bäuche unter Ächzen und Stöhnen durch die Gitteröffnungen. Auch das dritte Mäusekind erschien endlich draußen. Die Mäusemutter gluckste vor Freude – es war geschafft.

Nun trotteten Mutter und Kinder in die Dunkelheit zu ihrem Versteck. Dort schliefen sie bald ein und träumten von einem neuen Tag in Überfluss.

Einmal erschreckte mich aber eine Maus, als ich in unserer Gartenküche am Herd ein schmackhaftes Gericht zaubern wollte. Es duftete schon herrlich schön, und die Gerüche zogen wahrscheinlich die Maus, die sich gleich in der Küche zu schaffen machen sollte, magisch an.

Es war ja heiße Sommerzeit, sodass man seine Fußnägel zeigen konnte. Und wie immer hatte ich sie knallrot lackiert. Das animierte diese Maus wahrscheinlich dazu, an einem meiner Fußnägel zu knabbern. Ganz erschreckt ließ ich meinen Kochtopf fallen, dann erkannte ich, dass es eine Maus war, die sich an meinem Fuß zu schaffen machte.

Ich fluchte, und sie flüchtete unter das Sofa. Mein Mann und ich eilten durch die Küche, vorher die Küchentür sorgfältig verschlossen. Kaum dachten wir, dass wir das kleine Biest fangen konnten, entwischte sie uns wieder, Das ging so eine ganze Stunde lang. Bis es meinem Mann reichte. Er holte eine Mausefalle, bestückte sie mit Speck und stellte diese unter das Sofa.

Es dauerte gar nicht lange, und die Falle schnappte zu. Und darin war nun die Maus gefangen, aber natürlich tot. Arme Maus, aber was sollten wir sonst machen? Sagt ihr es uns!

Überwinternde Mäuse

Und schon wieder eine Mäusegeschichte. Passt aber auf, was diesmal passiert.

Jedes Mal, wenn die Gartensaison eröffnet wird, heißt es saubermachen und ausführlich lüften. Denn die Winterluft muss der lauen Frühlingsluft weichen. So auch in diesem Mai. Wir betraten die Laube, und mein Mann musste sich fast übergeben. Er fragte mich: „Riechst du nichts?" Ich, die nicht so gut riechen kann, antwortete: „Nein."

Er eilte durch die kleinen Zimmer in unserer Laube. Und schon war die Ursache entdeckt: Mäuse hatten es sich in unserer Sommerwohnung gemütlich gemacht und wie verrückt gehaust. Auf den schönen Lammfellen, die das Sofa erst so kuschelig machten, hatten sie ihre Hinterlassenschaften – also fetten Kot – hinterlassen.

Die Lammfelle flogen sofort auf den Müll! Als ich die Schubläden aufzog, war das Besteck kaum zu erkennen – überall hatten die Mäuse ihre Ausscheidungen hinterlassen. Und Mäusekot kann für die Gesundheit sehr gefährlich sein. Zum Schluss entdeckten wir, wovon sich die Mäuse ernährt hatten: Von unseren Walnussvorräten räkelten sich nur noch die leeren Schalen auf dem Teppich, auf dem Sofa und im ganzen Schlafzimmer. Das hatten also die Mäuse in der harten Winterzeit gefressen.

Es war entsetzlich! Wir mussten eine ganze Woche lang die Mäuseausscheidungen beseitigen. Aber die große Frage hing im Raum: „Wie kam diese Mäusebande in unsere Laube?" Nirgends entdeckten wir ein Loch in der Wand oder in der Tür. Bis mein Mann auf die Idee kam, das Abflussrohr, das von der Küche ins Freie von Handwerkern gelegt war, näher zu untersuchen. Denn wir hatten eine große Renovierung der Laube im vergangenen Herbst hinter uns. Diese war von Männern ausgeführt worden, die uns zwar versichert hatten, alles gut abgedichtet zu haben. Aber was entdeckte mein Mann beim Untersuchen des Abflussrohres? Dieses war nicht gut abgedichtet, sodass die Mäuse gütlich durch ein kleines Loch ins Haus kommen konnten und den Winter über genügend Futtervorrat vorfanden.

Ja, wie heißt das alte Sprichwort: „Traue nur deiner eigenen Arbeit!" – Die Handwerker konnten wir natürlich nicht mehr belangen. Wie wollten wir beweisen, dass sie an unserer Mäuseplage schuld waren?

Mäuse auf dem Campingplatz

Aber die Mäusegeschichten sind noch nicht alle erzählt. Bevor wir die schmucke Laube unser Eigen nennen konnten, waren wir Dauer-Camper auf einem Campingplatz, der sich ca. 60 km von Berlin befand. Im April lauerten wir schon, wann es doch endlich mit dem Campen losgehen würde.

Also beschlossen wir, einen kleinen Ausflug zu unserem Campingplatz zu unternehmen. Ein prall gefüllter Korb begleitete unseren Ausflug in den herrlichen Kiefernwald. Denn der Campingplatz befand sich mitten in dieser schönen Umgebung.

Alles wurde besichtigt. Die Schnitzel und der Kartoffelsalat fanden den Weg in unsere hungrigen Mägen und es hieß: wieder nach Hause fahren.

Daheim angekommen, stellten wir den nun leeren Korb wieder an den gewohnten Platz. Doch was hieß hier leer? Die große Überraschung zeigte sich bald.

Abends, wir saßen gemütlich in unseren Sesseln und schauten uns einen scharfen Krimi an, sagte mein Mann: „Hast Du nicht hier etwas den Korridor entlangflitzen sehen?" Ich verneinte. Aber mein Mann war unruhig, ging in die Kammer, und siehe da, er entdeckte eine Maus, die da das Weite suchte. Unsere Kammertür schnell verschlossen und ein paar Bierdeckel unter die Tür geschoben – so dachten wir, dass das Problem behoben war. Das Fernsehen konnte weitergehen.

Abends sehr müde sah uns das Bett im Schlafzimmer wieder. Ich war schon eingeschlafen, als mich ein Knispern aufhorchen ließ. Mein Hörvermögen ist ausgezeichnet. Und siehe da, die Maus, die wir doch so gut verbarrikadiert hatten, tat sich gütlich an den Samentüten, die ich schon für die Aussaat auf dem Zeltplatz an dem kühlen Fenster bereitgestellt hatte. Wir flogen aus den Betten und hetzten hinter der grauen Maus her. Aber wir konnten sie natürlich nicht fangen – sie war schneller. Und dann entdeckten wir auch die herausgezogenen Bier-Deckel. Was für eine schlaue Maus!

Nun machte mein Mann wieder kurzen Prozess: Eine Mäusefalle wurde mit einem Stück Käse gespannt und ins Wohnzimmer gestellt. Um 5 Uhr in der Frühe schnappte die Mäusefalle zu. Die tote Maus mit der Falle flog aus dem Fenster und wurde entsorgt.

Die vorletzte unendliche Mäusegeschichte

Es nahte der Herbst mit seinen stürmischen Tagen und wehenden Blättern, und unser Ziel war wiederum der Zeltplatz. Denn bald hieß es Abschied nehmen vom Zeltleben. Mitte Oktober musste wie in jedem Jahr der Zeltplatz geräumt werden, sodass der ursprüngliche Zustand – nämlich ein wunderschönes Waldgrundstück – wieder zum Vorschein kam.

Als wir unser Zelt, das heißt genauer gesagt einen Klappfix, betreten wollten, blieben wir schon im Vorzelt mit den Füßen kleben. Ein schneller Blick auf unseren Campingtisch ergab, dass unser kleiner Honigspender in Bärengestalt angeknappert und der Honig ausgelaufen war. Somit konnten wir uns die dicke Ameisenstraße aus dem Zelt hinaus erklären.

Aber die größte Überraschung stand uns noch bevor. Wir lüfteten die Bettdecke und entdeckten zu unserem großen Schrecken sieben kleine nackige Mäusejunge in meinem Bett. Igitt, schnell weg mit den Mäusekindern. Wir wussten uns keinen andern Rat, als diese am Waldrand auszuschütten.

Wo wird wohl die Mäusemutter gelauert haben?

Und nun folgt die letzte Mäusegeschichte

Bevor unser Dauercamping in der Nähe von Berlin begann, fuhren wir viel in die Länder, die wir als ehemalige DDR-Bürger befahren durften. So stand die Tschechoslowakei diesmal auf unserem Urlaubsplan. Wir erhielten von einem guten Bekannten eine Adresse im genannten Land. Da auch dort bestimmte Lebensmittel knapp waren, bestand der Inhalt unserer zusätzlichen Reisetasche zum Beispiel aus Brot, Kartoffeln, Keksen, Butter, Kaffee, Süßigkeiten, Eiern. Eben so viel, dass man sich ein gemütliches Frühstück zubereiten konnte.

Nachts wachte ich auf – mir drückte die Blase. Das letzte Bierchen am Abend war wohl eins zuvial gewesen. Verschlafen torkelte ich aus dem kleinen Schlafzimmer in die Küche, um anschließend zur Toilette zu gelangen. Nachdem ich die kleine Lampe in der Küche angeknipst hatte, erschrak ich, denn es schauten mich ca. 20 erschrockene Mäuseaugen an, die sich an der Vorratstasche gütlich taten.

Wie vom Donner gerührt verließen sie blitzartig die Küche, indem sie sich Schwänzchen an Schwänzchen vom Küchentisch in ein Loch in der Wand herabließen. Ich konnte nur das angefressene Brot wegschmeißen.

Der folgenden Morgen verlief sehr einsilbig. Denn wir hatten nicht nur das Mäuse-Loch entdeckt, sondern auch die vielen Mäusehinterlassenschaften in den Küchen-Schränken.

So verließen wir genervt die Wohnung und konnten uns aber wenigstens an der schönen Landschaft beim Wandern erfreuen.

Ganz erschöpft abends wieder an dem Mäusehaus angekommen, sanken wir gleich in die Betten und schliefen ganz fest dem Morgen entgegen.

Morgens schnell aufgestanden – nein es ging nicht! Denn ich trat auf eine Maus, die es sich unter dem kleinen Teppich gemütlich gemacht hatte. Da platzte uns aber der Kragen, wir packten eilig unsere Sachen und verließen das verdammte Mäusehaus. Wir fuhren nach Hause.

Unsere Igelgeschichte

Es ist herrlich, an einem wunderschönen Tag im Garten zu sitzen und ein schmackhaftes Mahl einzunehmen. Sei es morgens oder zur Abendzeit. Wir hatten zu einem gemütlichen Grillabend unsere Gartennachbarin eingeladen und genossen die wohlschmeckenden Steaks sowie die Bowle.

Mit einem Mal erschien ein Igel im Garten. Da er humpelte, war es ein uns bekannter Igel. Er hieß „Humpelinchen". So schnüffelte er sich langsam heran, bis er den Platz fand, an dem die Reste der Meisenknödel lagen. Von dem Schmaus für unsere Meisen blieb immer etwas für unseren Igel übrig.

Als er gerade fressen wollte, erschien ein zweiter Igel, der etwas größer als unser Igel war. Sie beschnüffelten sich und dann begann ein Wettrennen um unseren Tisch herum. Wir staunten nicht schlecht, als es nur so um unsere Beine herum wuselte. Und urplötzlich erschien noch ein dritter Igel auf dem Tanzplatz, etwas kleiner und scheuer als die beiden. Und als Grunzgeräusche unserer beiden Igel ertönten, verschwand der kleine wieder.

Dann ging es aber mächtig zur Sache. Es war eine Vorbereitung auf die Hochzeit unter Igeln, die aber nicht am Tisch zu unseren Füßen stattfand, sondern in einer hohen Hecke. Wir schauten uns alle am Tisch amüsiert an, und jeder dachte sich seinen Teil dabei. Das Stöhnen übertönte alle Geräusche.

Hermann 1 und Hermann 2, unsere beiden Frösche

Diese Frösche verbrachten die meiste Zeit in unserem kleinen Gartenteich. Oft saßen sie am Teichrand und lauerten auf Beute. Viele Fliegen landeten in ihren Bäuchen. Abends quakten sie vergnügt – manchmal hörte man sie über zwei Gärten.

Mein Mann wollte den beiden etwas Gutes tun. Er fand einen Regenwurm und befestigte diesen an einer Angel. Nun baumelte der Wurm an der Angel vor den hungrigen Froschmäulern hin und her. Eine ganze Weile geschah nichts. Hermann 1 und Hermann 2 starrten auf die Wasseroberfläche. Dann aber schnappte Hermann 1 zu und biss in den Regenwurm. Dieser bog sich nach oben und wollte dem hungrigen Maul entgehen.

Mein Mann zog die Angel höher, aber der Frosch ließ nicht los. So hingen dann Frosch und Regenwurm an der Angel. Beide baumelten ein paar Sekunden in der Luft, und der Frosch konnte sich nicht vom Regenwurm lösen. Da erbarmte sich mein Mann. Er nahm den glitschigen Hermann 1 in die Hand und befreite beide vom Zwirnsfaden. Eilig glitt unser Frosch in den Teich und war eine Stunde nicht mehr zu sehen. Wahrscheinlich hatte er die Schnauze, Verzeihung, das Maul voll.

Mein Mann legte zum Trost den Rest des Regenwurmes an den Beckenrand. Wo er auch nicht lange liegen blieb.

ROLF VON PANDER

Versus Corona-Spaltung

Ich habe oft im Gottesdienst gehört: „Die Liebe Gottes ist höher als alle Vernunft, bewahre unsere Herzen und Sinne in Jesu Christi Namen!"

So gibt es die Vernunft des Impfens, und so gibt es die Vernunft, Immunität vom Herrn der Schöpfung zu empfangen. Aber steht nicht beides unter der übergeordneten Vernunft, nach bestem Wissen und Gewissen gesund zu leben?

Dann gibt es weniger Vorerkrankungen oder diese sind im Heilen begriffen: Übergewichtigkeit schrumpft, die Leberwerte stimmen wieder und vieles mehr an guten Nachrichten …

Insbesondere wird dadurch resultieren, dass weniger Erkrankte in Intensivstationen künstlich beatmet werden müssen. Mögen somit mehr Menschen ihren Schöpfer unter der Liebe Gottes wiederfinden!

Tatsächlich sind mir viele Hinweise begegnet, dass Gott nicht tot ist und auch die Leistung seiner Schöpfung für Gesundheit und Immunität existiert, wenn seine Hilfe für eine gesunde Lebensweise angenommen wird. Dies wurde persönliche Erfahrung, als ich mich erst im Alter um 50 entschied, aktiv mehr für Gesundheit und Bewegung zu tun.

Dies resultierte darin, dass ich anschließend trotz Schichtdienstbelastung mit häufiger Nachtdienstfolge einen höheren Gesundheitsstand erreichte, der mich selbst bei Infektionswellen weitgehend schützte – was viel Stabilität für dienstliche Verfügbarkeit bedeutete und außerdem freizeitmäßig auch den Sprung aus einer gewissen sportlichen Inaktivität, gemäß zuvor kaum Teilnahmen an Wettkämpfen seit der Schulzeit –, und mich zu einem Freizeit-Marathon-Läufer entwickelte.

Neben der Überzeugung seit der Konfirmierung, dass Gottes Schöpfung prima ist und uns viel Kraft und Hilfe schenkt, wenn wir sie bejahend annehmen, unterstützten mich dankenswerterweise auch zahlreiche Lauftreffs im stadtnahen Wald beim Neroberg von Wiesbaden.

Was hieraus resultierte, war für mich im Alter von 50 Jahren unglaublich: Ich vermochte in Marathonläufe einzusteigen, zunächst einige flache, wenige Jahre darauf auch in Bergmarathons in den Alpen – darunter bis zum Zeitpunkt des Schreibens 49 Bergmarathon-Starts inklusive einiger Ultras (42 km Marathondistanz überschreitend). Aber das Besondere dabei war Stabilität dank aufgebauter Gesundheit und Fitness: 49x innerhalb der Zielschlusszeit rechtzeitig im Ziel!

Jeder Leser, jeder Mensch ist frei zu glauben, ob in obige Lebenserfahrung Hilfe des Schöpfers für Gesundheit und Fitness hineingespielt haben mag. Aber Obiges wird noch wundersam getoppt gemäß eines von meiner Mutter aus innerem Herzen mir vermittelten Spruches: *„ Wo die Not am größten ist, ist Gottes Hilfe am nächsten!"*

Es erscheint absolut unglaublich, aber es gab die Fügung, dass während der Flucht gegen Ende des 2. Weltkriegs aus dem Osten eines ihrer Treck-Pferde an Ruhr erkrankte – ausgerechnet vor Dresden, das nur noch eine Tagesreise entfernt lag und mit seinen wertvollen Kultur-Denkmal-Bauten als vor Bombenangriffen geschützt angesehen wurde. Dann aber boten sich zur anvisierten Zeit des Eintreffens den Augen und Ohren ein blutroter Himmel und hörbares Donnergrollen Richtung Dresden dar! (Telewahrnehmung gestarteter Flugzeuge in England?)

Auch scheint es sehr unwahrscheinlich, aber mein Vater und meine Mutter trafen sich genau zum gleichen Zeitpunkt am vereinbarten Treffpunkt, dem Hause einer Tante in Marburg,

Monate nach dem 2. Weltkrieg wieder – ohne auf dem Weg dorthin nur eine einzige Nachricht voneinander als Lebenszeichen per Post gehabt zu haben.

Oder als ich am 26. Februar 1948 um viele Wochen zu früh geboren wurde, sahen viele Menschen wegen der Frühgeburt nur geringe Überlebenschancen für mich, aber meine Mutter Renate hielt dem dank der starken Immunität sehr guter Muttermilch entgegen.

Diese Erlebnisse spiegelten sich in den Liedern zu meiner Taufe am 28. Mai 1948 in der Dorfkirche von Lauenstein (Kreis Hameln): *„Harre, meine Seele, harre des Herrn ...“* (harren = geduldig, sehnsüchtig warten) *„In allen Stürmen, in aller Not wird er dich beschirmen, der treue Gott.“* Sowie in *„Die güldene Sonne voll Freud und Wonne ... Mein Haupt und Glieder, die lagen darnieder, aber nun steh ich, bin munter und fröhlich, schaue den Himmel mit meinem Gesicht.“*

Mit dieser Rückbesinnung benetzten beim Schreiben Tränen meine Augen.

Tränen in meinen Augen konnte ich auch nicht am Karfreitag 2021 unterdrücken, als ich bei einer Wanderung auf den Kreuzweg-Christi-Erinnerungs-Pfad bei Schellenberg im Erzbistum Liechtenstein stieß. Geraume Zeit später, als ich den Bahnhof Feldkirch erreichte, überraschte mich ein sekundenscharfes Timing: Obgleich über Stunden ohne Uhr unterwegs, – genau in der Sekunde, als ich den Bahnsteig betrat, ertönte der Abfahrtpfiff meines Zuges. Ich sprang hinein, die Tür schloss sich, ich kam mit – geschätzte Wahrscheinlichkeit 1/10000! – Wahres Geschehnis! Ein Wink über das Potenzial unseres Schöpfers, Liebe den Menschen walten zu lassen?

Und das Potenzial natürlicher stabiler Hilfe, die es fürs Heben von Gesundheit auch gibt – wie ich erfuhr – möge genutzt werden. Als Teil der Schöpfung ist darin der Mensch auch begabt und könnte damit Einseitigkeiten in der aktuellen Krisenbekämpfung, die über immer neue Viren immer wieder neue Rückschläge erfährt, fürs Zugehen auf den Freedom-Day durchbrechen.

Das Ziel Gesundheit wird weitgehend befürwortet. Könnte daher nicht auch eine Entscheidung für mehr gesunde Lebensweise ein wenig oder gar mehr helfen, Spaltung zu überbrücken? Fehlt diese Entscheidung nicht noch überwiegend? Literatur, dass auch Sport Abwehrkräfte steigert, gibt es!

Danksagung:
Für hilfreiche Fügungen in meinem Leben sei gedankt

meiner Mutter Renate, die mich mit einem starken Immunsystem als erhebliche Frühgeburt durchbrachte,

meiner Kinderärztin Dr. Schmidt-Fischer, die mit Tipps meine Mutter beriet,

meinem Vater Dr. Eberhard für kluge begleitende Unterstützung zu meinem Schul- und Uni-Ausbildungsweg,

meinem Diplom-Vater Hans Hinzepeter, der mir eine knackige mathematisch-physikalische Diplom-Arbeit zum Lösen anvertraute, sowie

vielen nicht genannten Verwandten und Freunden und Kollegen aus Schul-, Studien-, Berufszeit,

in Klimaentwicklung bekümmerten Bürgern und Wissenschaftlern und

Geistlichen, die mir Hoffnung und Ermutigung schenkten.

Aber in allem lässt sich eine göttliche Hilfe und göttliches Wirken nicht abstreiten: Danke!

Stabile Werkzeuge als Tipp

Besteht die Krux der Corona-Krise eigentlich nicht darin, dass eine Situation von Erkrankungen und/oder Immunschwächen – eine Gesundheitskrise – an und für sich schon vorliegt mit Bewegungsarmut, Übergewicht, Rauchen oder Drogenkonsum als einigen beitragenden/verstärkenden Faktoren?

Erscheint es von daher nicht folgerichtig, dass es 2009 eine Definitionsänderung für Pandemie mit Beseitigung der Voraussetzung von besonderer Gefährlichkeit gab[1], zumal Virusinfektionen unter gesundheitlichen Vorbelastungen und geschwächtem Immunsystem – hart ausgedrückt – zu leicht einen „Sense-Mann" repräsentieren könnten?

Und liegt somit unter diesen Gegebenheiten nicht die beklagte Krise als eine Krise aus mehreren Komponenten vor?

Nennen wir sie Werkzeuge, die als Mittel und Wege zur Überwindung verfügbar seien. Nun aber, auf der Prüfwaage für Werkzeugstabilität stehe der Faktor Stabilität. Warum? Weil die Situation, Virus-Infektion obendrauf auf Vorerkrankung/Immunschwäche perfide ist. Gibt es doch unerwartete Mutationen von Viren und weiterhin stets unerwartete neue Viren!

Das aber heißt, mit dem Verlauf der Zeit besteht – ob wir wollen oder nicht – eine nicht stabile Situation gemäß der Virenüberraschungen, die die Wirksamkeit von Impfungen holpern lässt. Somit sei besser – nicht vergessend – etwas Aufmerksamkeit auch auf die vorgeschaltete Gesundheitskrise (Vorerkrankungen/Immunitätsschwäche) gerichtet. Weit mehr – es muss appelliert werden: Zum Donnerwetter, überseht bitte nicht länger diese vorgeschaltete Gesundheitskrise!

Warum dieser Appell: Läge nicht dort auch ein grundlegender Einfluss-Punkt zum Handeln, um langfristig die Krankheits-Auswirkungsmacht von Viren zu schwächen?

Tatsächlich, in anderen angewandten Wissenschaftsfeldern nicht mehr unbekannt: Stabile Werkzeuge vermögen zielführender zu sein als spektakulär größere Zahlenfaktoren für Vorgehensentscheidungen. So gab es beispielsweise Fortschritte in der Wettervorhersage, indem bei einer Hilfsgröße zur Wetterbeobachtung mit der meteorologischen Bezeichnung „Vorticity" (für Dreheigenschaft von Luft im Wettergeschehen) die größenordnungsmäßig kleinere Komponente für die Drehung um die vertikale Achse anstatt der horizontalen Komponente der Drehung verwendet wird[2].

Warum? Dieser in der Regel kleinere Anteil (vertikale Drehachse) hat sich als stabil nützlich gezeigt – der andere Anteil (horizontale Komponente) dagegen als nicht zielführend[2]. Die physikalische Erklärung dazu – mit dem „Ertel potential vorticity theorem"[3,4] – vor ca. 80 Jahren erwies sich tatsächlich als sehr bedeutsamer Meilenstein für den Fortschritt in der Wettervorhersage!

Daher, aus dieser beispielhaften nützlichen Erfahrung der Verwendung stabiler Werkzeuge für den stattgefundenen Meilensprung vor ca. 80 Jahren in der Wettervorhersage – könnte damit nicht irgendwie an einen Paradigma-Wechsel zum Strategie-Schwerpunkt gegen die Gesundheitskrise unserer Zeit gedacht werden?

Als neues Bild vorgeschlagen: Vorerkrankungen/Immunschwächen von „unten her" mit Sport und Bewegung, gesundheitsförderndem Verhalten[5] Schritt für Schritt zurückzudrängen – womit Viren als „übergeordnete Komponente" der Krise insgesamt an Wirksamkeit verlieren, somit Strategien zur Krisenbekämpfung unter mehr Gelassenheit mehr Chancen des Erfolges erfahren mögen.

Literaturhinweise

1) Reiss & Bhakdi; Corona Fehlalarm? Zahlen, Daten, Hintergründe; Goldegg 2020; Seite 120

2) Holton & Hakim; An Introduction to Dynamic Meteorology; Elsevier 2013; Seite 112, Formel (4.27)

3) Holton & Hakim; An Introduction to Dynamic Meteorology; Elsevier 2013; Seite 111: „Ertel potential vorticity theorem"

4) Holton & Hakim; An Introduction to Dynamic Meteorology; Elsevier 2013; Seite 111, Abbildung 4.8

5) Fricke; 100 werden, gesund bleiben; maxLQ 2021; Seite 41

Milchmädchenrechnung für effizienteren Virenschutz bei AHA und mehr

Zum Begriff AHA:

Ein A steht für <u>A</u>bstand,

das H für <u>H</u>ändedesinfektion

und das andere A für Mund- und Nasenschutz zwecks <u>Ab</u>halten von Schwebeteilen in der Luft, die schädigen können.

Fritzchen, erst in der 2. Klasse, will später Wissenschaftler werden und schaut sich dieses AHA genauer an. „Wie kann ich dieses AHA bloß wirksamer machen?", stellt er sich als Frage.

„AHA, zunächst mal zum 1. A." – Er schaut sich 1,5 Meter auf dem Zollstock an, geht nach draußen, dreht ihn etwas herum. Er macht auch seinen Zeigefinger nass, hebt ihn hoch und prüft, woher der Wind kommt.

„Mensch", kommt er zur Erkenntnis: „Ich weiß, woher der Wind weht, wohin er weht, wohin er kleine Teilchen in der Luft trägt, bevor sie runterfallen!

Mm, damit bin ich jetzt ein kleiner Wissenschaftler: Die 1,5-m-Abstandsregel ließe sich verbessern:

,1. Längst der Windrichtung sei ein größerer Abstand einzuhalten, bei starkem Wind mehr, bei schwachem Wind weniger.

2. Quer zur Windrichtung wäre weiterer Abstand weniger wichtig, da Teilchen in der Luft in der Regel vorbei getragen werden.'

Fazit, als Nachwuchswissenschaftler komme ich zur Erkenntnis, ein 1.5-Meter-Abstand in jeder Richtung sollte bei Windrichtung-Prüfung mit nassem Finger besser ausgetauscht werden durch:

    a)   5-Meter-Abstand längst der Windrichtung und

    b)   1-Meter-Abstand quer zu Windrichtung,

und je nach Windstärke – gelegentlich auch nur schwacher Luftbewegung – ließe sich besser auch 8 Meter beziehungsweise nur 0,5 Meter wählen. Einfach nach dem Wind schauen: Tröpfchen vom Niesen, Husten oder Sprechen fallen so rechtzeitig zum Boden, statt ins Gesicht.

Das reduziert die Ansteckungsgefahr, möglicherweise um die Hälfte oder mehr, bestimmt aber um viele Prozent!"

Nun mal zum anderen A: Es steht für ‚Abhalten‘, wobei kleine schwebende Teilchen in der Luft von Mund und Nase abgehalten werden sollen. Dafür sollen wir Masken tragen. Aber hier ist mir ein Unterschied aufgefallen. Ich kann meine Maske so aufsetzen, dass ich durch die Nase frei atme, ich kann die Maske aber auch so aufsetzen, dass ich durch den Mund atme, wenn die Luft nicht frei durch meine Nase fließen kann.

Und dieser Unterschied fällt von außen gesehen sogar kaum auf. Der Lehrer merkt es nicht, ob meine Nase unter einer Maske frei atmen kann oder nicht.

Neulich bekam ich mit meinen gespitzten Lauscherchen mit, dass das Immunsystem von unserem Körper aus mehreren Komponenten besteht, die Nase mit ihren Schleimhäuten als 1. Instanz, Magen und Darm folgen schließlich.

Oh, als Wissenschaftler der Zukunft sieht es für mich so aus, dass Atemluft durch die Maske und dann durch die Nase diese 1. Instanz des Immunsystems nutzt – wie es mit der genetischen Schöpfung über Millionen von Jahren entwickelt wurde –, aber dass dagegen im Fall von Atemluft nur durch die Maske diese 1. Instanz umgangen wird!

Könnte dies nicht bei einer FPP2-Maske möglicherweise mehr als nur wenige Prozent als Unterschied ausmachen?

Und schließlich betrachte ich mal das H für Händedesinfektion: Händedesinfektion ist bestimmt bei Einkäufen nicht unbedeutend. Es macht bestimmt einen Unterschied aus, wenn eine Ware angefasst wird und dann bei einer anderen Kaufentscheidung wieder ins Regal zurückgestellt wird und zwar je nachdem, ob sich der Kunde beim Betreten des Ladens seine Hände desinfiziert hatte oder nicht!

Aber wie könnte hierzu eine geschätzte Zahl für eine Milchmädchen-Rechnung gefunden werden?

Zumindest: Schaut doch mal, wie viele Menschen beim Geschäftseingang dieses H erfüllen und wie viele nicht. Dementsprechend wird dieses H häufig ausgelassen: Eine nicht ganz kleine Prozentzahl!

So, jetzt ziehe ich mal mögliche Prozentzahlen zu dem 1. A, dem 2. A und dem H zusammen – nur zur Demonstration, dass sich Prozentzahlen häufig addieren: So sei 20 % (oder eventuell mehr) ein geschätzter Wert zum 1. A, so sei 20 % ein geschätzter Wert zum 2. A und so sei 30 % ein geschätzter Wert zum H. In der Summe ergäben sich 70 %. Hoppla!

Aber ich will lieber anders rechnen, entsprechend wie die Wahrscheinlichkeit für 2x die Sechs beim Würfeln nicht $1/6 + 1/6 = 2/6 = 1/3$ ist, sondern $1/6$ mal $1/6 = 1/36$ beträgt. Also, das 1. A erfüllte dann nur 80 % an zugedachtem Schutz, das 2. A nur 80 % an zugedachtem Schutz, und das H nur 70 % an zugedachtem Schutz.

Auf nur 80% Schutz durchs 1. A wirkten dann nur 80% Schutz durchs 2. A und darauf nur 70% Schutz durch das H. Dann ergibt die Rechnung 0.8 mal 0.8 mal $0,7 = 0.64$ mal $0.7 = 0.448$, also grob würden 50% als Schutz verschenkt werden!

Oh, bei Infektions-Viren würde bei solchen Zahlen etwa die Hälfte der Wirksamkeit von Abwehr verschenkt werden. Dabei

164

sind diese Zahlen (Abweichungen zum als 1.0 angesetzten Optimum) bewusst nicht übertrieben angesetzt!

Diese Zahlen sollten also angeschaut werden, nicht wahr?

Zeigen sie doch, wie wichtig Selbstverantwortung eines jeden Menschen, von Kindern sowie von Erwachsenen ist!"

Dies erzählte Fritzchen alles einer kleinen Gruppe von Freunden, unter ihnen auch dem „lieben Frechdachs", der diesen Spitznamen bekommen hatte, weil er größere Schüler gerne als „lieber Frechdachs" neckte.

„Oh, da rechne ich einfach weiter", sagte der liebe Frechdachs Ulli, der ein sportlicher Outdoor-Junge war, sei es mit Mountain-Bike, Training für Laufen oder Schwimmen, kurzum ein Triathlon-Fan.

„Also, 1. Bewegung stärkt das Immunsystem, umgekehrt wäre die Virenabwehr geschwächt, möglicherweise nur bei 70 % liegend, das ist aber noch näher zu erforschen – könnte auch ich später mit Doktorarbeit erforschen.

2. Sonnenschein baut für mich extra Vitamin D auf. Ohne das reduzierte sich die Leistung der sonst powervolleren Immunität. Sagen wir mal, es verblieben unter Vitamin-D-Mangel nur 70 % der Immunitäts-Leistung – falls nur dieser 2. Punkt betrachtet wird, also, 0,7 x 0,7 = 0,49, also mit dieser Abschätzung suboptimale ca. 50 Prozent bei fehlendem Sport in frischer Luft mit Sonnenschein!"

Fritzchen: „Halt mal inne, Frechdachs. Es gibt schon einen Unterschied, ob der Sportler nur bei schönem Wetter Sport macht oder bei jedem Wetter oder gar am meisten bei kühlem Wetter, wenn es bedeckt ist und die Sonne nicht scheint!"

Frechdachs: „Ah, daran habe ich gar nicht gedacht. Also, das eben Gesagte gilt nur, wenn der Sportler nur bei jedem Wetter Sport macht und sich zwischendurch (zu zufälligen Zeiten gegenüber seinem Sport) extra sonnt oder Höhensonne zusätzlich zum Sport genießt, sodass die beiden gesundheitlichen Faktoren praktisch unabhängig voneinander sind, so wie bei zweimal hintereinander mit gut durchgeschüttelten Würfeln (was wichtig ist) eine Sechs gewürfelt wird."

Fritz: „So lasse ich die Multiplikation in Deiner Abschätzung gelten. So bist Du doch ein lieber Frechdachs!"

Der liebe Frechdachs: „Stellt euch mal vor, ein Sportler trainiere nur bei schlechtem Wetter mit Laufband in der Wohnung. Dann dürfte der Gesundheitsfaktor Vitamin D durch Sonnenschein unbestreitbar erkennbar sein und auch der Gesundheitsfaktor durch Training mit dem Laufband bei bedecktem Himmel ebenfalls unbestreitbar erkennbar sein."

Fritz: „Ja. Hier haben wir festgelegte Bedingungen, unter denen wir den einen Faktor oder den anderen Faktor betrachten."

Der lieber Frechdachs: „Stimmt. Eine andere festgelegte Bedingung wäre ‚Training bei jedem Wetter, unabhängig davon, ob es regnet oder schneit, bedeckt ist oder die Sonne scheint, windig ist oder nicht windig ist und so weiter'. Wenn also solch ein Training völlig unabhängig vom Wetter geschieht, und gleichzeitig auch Trainingsdauer und alle sonstigen Eigenschaften des Trainings unabhängig vom Wetter sind. Der Gesundheitsfaktor durch Training wird sich dann wahrscheinlich in beiden Fällen unterscheiden, also im Fall des Laufbandtrainings bei bedecktem Himmel und beim Training unabhängig vom Wetter.

Aber in beiden Fällen hätten wir Unabhängigkeit der Gesundheitsfaktoren Sport und Vitamin D, sodass die Multiplikation wie für die Wahrscheinlichkeitsrechnung zu 1/6 x 1/6 (bei Würfeln für 2x die Sechs) Sinn macht."

Fritz: „Danke lieber Frechdachs."

Ida hatte zugehört. Sie ist Ernährungsberaterin. Ida: „Ich kann auch beitragen. Dem Motto folgend: ‚Die Nahrung ist unsere Medizin' – hat nicht der griechische Gott der Heilkunde (Asklepios) uns das wissen lassen? – habe ich zu meinem Beruf gewählt, Wissen für gesunde Ernährung zu vermitteln.

Er wusste bestimmt auch, dass ein runtergekommenes Immunsystem durch mangelhafte Ernährung, was gute Inhaltsstoffe anbelangt, wieder stark sein könnte, wenn wir wollen. So lebt wohl eine Wohlstandsgesellschaft stark unter dem Optimum, eventuell nur bei 20 Prozent (= 0,2) gegenüber 100 Prozent."

Der liebe Frechdachs: „Ah, ich rechne: 0,7 x 0,7 x 0,2"

Fritz: „Jetzt nenne ich dich wieder ‚Frechdachs'."

Ida: „Warum ?"

Fritz: „Sollte gesunde Ernährung nicht Vitamin D mit einschließen?"

Ida: „Der Anteil von Vitamin-D-Aufbau durch die Sonne über die Haut ist aber besonders im Frühling und Sommer nicht unerheblich. In dieser Zeit gehen auch Infektionen stark zurück. Diesen Frühlings- und Sommeranteil und auch Höhensonnenbestrahlung im Winter wird man daher auch weiterhin als unabhängigen Gesundheitsfaktor in einer statistischen Abschätzung führen dürfen."

Fritz: „Danke für die Erläuterung. Das rehabilitiert unseren ‚Frechdachs' wieder zum ‚lieben Frechdachs'."

Der liebe Frechdachs: „Danke. Ich schlage vor, wir machen jetzt die Milchmädchenrechnung 0,7 x 0,8 (statt 0,7) x 0,6 (als mittlerer Wert zwischen 1,0 und Idas Zahl von 0,2. Dies macht 0,7 x 0,8 x 0,6 = 0,366 = ungefähr 0,4.

Davor hatten wir über Verbesserungen zu AHA bereits 0,5 abgeschätzt – mit einer von der Ernährung unabhängigen Statistik.

Somit dürften wir wohl für das Ziel optimaler Gesundheit, mit dem Zahlenwert 1,0 belegt, zu den Lücken sowohl durch

AHA als auch durch zu wenig gesunder Ernährung rechnen: 0,5 x 0,4 = 0,2, nicht wahr?"

Fritz: „Stimme dem zu."

Ida: „Stimme dem zu."

Eva (auch anwesend): „Aber was folgt an gesundheitlichem Plus, wenn sich jeder Mensch bei jeglichem ‚unverhältnismäßigem Angstgeplapper' seine Lauscherchen zuhalten würde? Dürften wir dann nicht das Ergebnis von 0,2 mit einer weiteren Zahl kleiner als eins multiplizieren?"

Gerd (gleichfalls anwesend): „Was wäre, wenn ‚unbegründete Vermehrung von Angst im Sinne von Angstschüren' eines Tages ausgemerzt sein wird?

Wird dies nicht schon heute von Kindern gelebt? (Markus 10.14: ‚Lasset die Kinder zu mir kommen und wehret ihnen nicht, denn ihnen gehört das Reich Gottes').

Schaut es euch an, wie fröhlich Kinder ohne Gefühl von Besorgnis spielen können – alles auch ohne Geld in der Tasche!"

Ida: „Ich denke, viele Kinder tragen das ‚Hemd des Glücklichen' wie Christküken*."

Fritz: „Zusammenfassend: Gibt es nicht schon genug Wissen, eine Null vor dem Komma von Inzidenzzahlen zu streichen? Aber die Aufgabe: ‚Wie kann ich selbst mit Sport, Bewegung in frischer Luft und gesunder Ernährung und einigem mehr zu einem glücklicheren Leben beitragen?', verbleibt jedem Bürger in Eigenverantwortung selber anzupacken und für sich, Familie, Freunde, Gruppen zu lösen.

Dann ließe sich die Definitionsänderung aus dem Jahre 2009 zum Begriff Pandemie neu anschauen, gemäß wieder hochgezogener stärkerer Gesundheit (Asklepios, Hildegard von Bingen, vieles mehr) wahrscheinlich sinnvollerweise wieder aufheben – und damit mag ein materialistisch aufgewölbter Affront gegen die göttliche Schöpfung als Folge von Verwirrung leichter wieder abflachend verschwinden.

Um wie viel könnte der Mensch fröhlicher sein! Danke für all Eurer Beiträge!"

* Christküken: verstanden als: „geistig junger Mensch mit Sehen und Wirken wie Urchristen mit Christus im Herzen"

Der Apokalypse die Tür zugeknallt

Wir schauen zu, wie Landstriche Südeuropas verdorren, wie Menschen erschöpft unter Hitzestress das letzte Wasser suchen für sich und ihre lieben Tiere, während Klimaanlagen hochgefahren werden bis zum Blackout?

Mensch, schau dich um, es gibt (?) Solar-Platten auf allen nicht weißen Dächern, intelligent vernetzte Netze, sodass deine Dach-Energie verbreitet Vakua der Lücken füllt und Drogenkonsum als Verzweiflungsschritt nicht erblickter Zukunft beendet.

Mensch, stelle dir vor, dass eine Botschaft: „Bewege dich, anstatt Stoffwechsel für Organversorgung erschlaffen zu lassen", das Couch-Potato-tum beendet ... – Was für Wege und Mittel gegen Erdaufheizung mit Hitzestress-Erschlaffung sich vermehrt finden ließen?

Mensch, du liebst Kinder, führst sie ein in Techniken des Wohlstandes hohen Standards. ... Aber stell dir vor, wie deine Kinder und Enkel dich noch mehr umarmen würden, weil du ihnen eine bewohnbare Erde vererbst.

Oh Mensch, denke diesen Wunsch des Überlebens, den Traum einer Zukunft im Garten Eden – als gute Tat von heute, anstatt unseren Kindern nur eine Phase des Aussterbens zu überlassen – oder um Waffen nicht zu verlassen, so mit aller Macht nicht diese Idee denken zu wollen?

Dir, Wanderer auf Erden, höchste Bewunderung aus dem Arsenal göttlicher Liebe sei dir geschenkt für deine Hilfe, den Lebensraum deiner Kindern und Enkel, der Tieren und Pflanzen erhalten zu helfen!

MARIA QUINIUS

Katzen

Wecke schlafende Katzen nicht;
sie wandeln zwischen den Gezeiten;
im Schatten wie im Licht
kennen sie die Geheimnisse
des Lebens.

Wann bist du genug?

Wenn auf einer leeren
Seite Nix steht, die
Leere Seite ein ganzes
Buch füllt, heißt es nicht,
Dass man Nix zum Schreiben
Hat, sondern sich jeden
Tag den Kopf zerbricht,
Was am Ende zählt
Und sich lohnt,
Erzählt zu werden.
Wann bist du genug?

MONIKA RANKERS

Sind Tiere die besseren Menschen?

Habe noch nicht darüber nachgedacht. Bin aber immer auf der Suche nach unverstellterer Kommunikation, nach Verständigerem als den Menschen, denen ich begegne. Mehr Wärme, etwas, das unmißverständliche Kommunikation, gleichzeitig bedingungslose Zuwendung ist. Eine Kommunikation ohne Wenn und Aber. Direkt, nonverbal. Auch hoffnungslos undiplomatisch, ehrlich. Utopie?

Und das sollen Katzen bringen? Ja. Meine Katzen. Jule und Oskar. Hätte ich auch im Traum nicht gedacht, aber für mich sind sie die Familienmitglieder. Obwohl ... heute gehen sie mir ziemlich auf die Nerven. Oskar heult. Was will er? Hat er Hunger? Ich stelle ihm einen gefüllten Napf hin und verschwinde in die Küche. Eine Viertelstunde später komme ich zurück. Angewidert will ich schimpfen, aber niemand da. Habe vergessen, den Napf auf den Boden zu stellen. Oskar ist auf den Tisch gesprungen, frißt und ... übergibt sich. Ekelhaft! Und ansprechen kann ich ihn auch nicht. Er ist weg. Auf Rufe reagiert er generell nicht. Soweit die Kommunikation ...

Naja. Beseitige die Schweinerei und will dann meine erste Tasse Kaffee genießen. Das Beste vom Tag. Der erste Schluck belebt spürbar jedes Körperglied. Aber was ist das?

Jule. Sie ist unruhig, stürmt zur Tür und sieht mich auffordernd an. Ach, Jule, laß mich doch erst Kaffee trinken. Nein, sie kommt zurück, hockt sich neben meine Beine und läßt nicht locker mit ihren nonverbalen Äußerungen. „Mach hinne und öffne die Tür! Ich bin auch noch da." Am besten nicht beachten, sag ich mir. Geht aber nicht so einfach. Sie wuselt um meine Füße, läuft zurück zur Tür, wartet da auf den Erfolg.

„Du hast mindestens schon drei Schluck Kaffee gehabt. Und ich?" Sie kratzt am Türrahmen, um ihrer Forderung Nachdruck zu verleihen. Stöhnend bewege ich mich vom Kaffee weg und öffne mißmutig die Tür. Weg ist sie. Danke wäre auch schön gewesen.

Am Abend lasse ich mich wie üblich mit meinem Butterbrot vor dem Fernseher nieder. Gerade will ich herzhaft in mein Brot beißen, da ertönt das penetrante Geheule von Oskar. Er verlangt Einlaß in das enge Gäste-WC. Üblicherweise springt er dort auf den Deckel der Toilette und beobachtet den Wasserstrahl, wenn ich den Hahn aufdrehe. Servile Dosenöffnerin, die ich bin, weiß ich natürlich, was er will, und diene ihrer Matestät, wie sie es wünscht. Meist verlagert er nach einiger Zeit seine Position auf den Rand des kleinen Waschbeckens, beäugt den Fluß des Wassers aus der Nähe. Wieder ist eine Zeit vergangen. Endlich bequemt er sich, zu trinken, nicht bevor er ausgiebig nach einer geeigneten Position gesucht hat, die ihm erlaubt, zu trinken, ohne naß zu werden. Das Procedere erfordert erneut ziemlich viel Zeit, und heute habe ich einfach keine Geduld. Hunger habe ich auch noch, und das Fernsehprogramm verspricht Spannung. Also, heute nicht. Ertrage das Geheule für 5 Minuten. Von Entspannung kann keine Rede sein. Das Programm kann ich auch nicht genießen. Folglich ... Unwillig öffne ich die Tür zum Gäste-WC. Der Kater muß kurz vor dem Verdursten stehen. Hört sich jedenfalls so an. Mit erhobenem Schwanz beschnuppert er das WC-Becken, dreht sich um, und – ruck-zuck – verschwindet er im Schlafzimmer. Rufen zwecklos. Offensichtlich Fehlinterpretation meinerseits. Er hat keinen Durst. Als gewissenhafte Dienerin mal wieder versagt.

Sieht man die beiden in Eintracht nebeneinander hocken, schmilzt man im allgemeinen dahin, besonders wenn Oskar noch sein Pfötchen ausstreckt, wie zur Begrüßung. Die reinste Unschuld in Schneeweiß. Achtung: Der Schein trügt! Von wegen besser als Menschen …

Die Unschuldslämmer können sich bekriegen und hauen, bzw. beißen, daß die Fetzen fliegen. Genauer gesagt, sie reißen sich ganze Haarbüschel aus. Mit ungeahnter Geschwindigkeit jagen sie sich über Tische und Stühle, ohne Rücksicht auf geöffnete Milchtüten oder gefüllte Vasen, die umfliegen und die sich dann über Unterlagen ergießen. Manchmal geschieht es, daß auch Jule die Oberhand gewinnt. Wörtlich genommen hat sie eine höher gelegene Position ergattert, von der sie – meist erfolgreich – Oscar einen gezielten Schlag mit der Pfote verabreicht. Der ist dann so „getroffen" oder verdattert, daß er sich zurückzieht. Der Kampf ist beendet.

Oskar ist total eifersüchtig, neidisch. In getrennten Näpfen gibt es Futter. Für beide exakt das Gleiche in gleicher Menge. Oskar schnuppert an dem, was ich ihm hinstelle, und drängt dann Jule zur Seite, um ihr Futter zu fressen. Könnte ja besser sein. Kommt mir irgendwie bekannt vor … Sie räumt brav ihren Platz und beschäftigt sich mit dem vereinsamten Freßchen. Erinnert mich an meine Kindheit, in der meine Schwester und ich exakt dieses Problem hatten. Ich höre noch immer: Der/die Klügere gibt nach. ???

Liegt Jule friedlich auf meinem Schoß und schläft, ist Oskar 100 % der Meinung, daß das nicht sein darf. Das ist „mein" Platz, sagt er sich wohl. Folglich wurschelt er sich zwischen meinen Oberkörper und die ahnungslose Jule, die natürlich wach wird und – ganz selbstverständlich – das Feld räumt. Doofe Kuh! Von wem hat sie das bloß? So was geschieht immer wieder. Mit einer Ausnahme: das Fernsehen. Das interessiert Oskar nun überhaupt nicht. Ganz anders seine Schwester. Besonders Tiersendungen sind von Interesse. Dann springt sie vom Schoß, hockt sich dicht vor den Bildschirm und verfolgt aufmerksam das Programm, bis es endet. Ob sie die Bilder ansprechen? Erfaßt sie die Realität? Sie zeigt auf jeden Fall kein Fluchtverhalten oder als ob sie auf Beutegang wäre.

Von Oskar spüre ich deutlich seinen Wunsch nach Nähe. Wenn ich im Bett liege, springt er auf meinen Bauch und bearbeitet diesen mit kleinen Tritten. Zufrieden ist er, wenn er neben mir liegt und Körperkontakt zu mir hat. Ganz überwältigt bin ich, wenn ich Jules Mitgefühl spüre. Dann versucht sie auch, besondere körperliche Nähe herzustellen, ihr Mutterinstinkt kommt dann voll zum Zuge. Sie springt auf meinen Schoß, schleckt meine Hände ab und versucht dann, noch höher zu kommen, um mein Gesicht abzulecken. Meine Abwehrversuche enden damit, daß ich sie runterstoßen muß, weil ich diese Tröstung als unangenehm empfinde. Hände lecken geht ja noch. Aber Gesicht? Dann setzt sie sich zu meinen Füßen und weint herzerreißend. So erscheint es mir jedenfalls, wenn ich die Laute höre, die sie ausstößt. Katze trösten ist angesagt.

Die Frage, ob Tiere bessere Menschen seien, ist für mich hinfällig. Sie sind meine derzeitigen Weggefährten. Sie zeigen menschliche Verhaltensweisen, auch Verhaltensweisen, die ich falsch interpretiere, vermutlich, weil ich zu umständlich denke. Denn meine Katzen sind direkt. Ich liebe sie und sie mich auch. Das zeigen sie. Und eines tun sie mit Sicherheit nicht: Sie lügen nicht. Vielleicht sind sie deshalb bessere Menschen?

Horst Redetzky

Ich verdanke Senta viel Lob und mein Leben

„Sind Tiere die besseren Menschen?" Die Frage benötigt keine Antwort bezüglich Instinkt und Lernfähigkeit. Der bessere Mensch zeichnet sich durch die Moral aus. Auch Glaube und Karitas sind Tieren fremd. Doch: Welche Anlagen befähigten einen Hund, mich zu retten? Urteilen Sie selbst!

April 1940. Ich war 18 Jahre alt und hatte gerade meine Forstlehre im Amt Horstenau bei Insterburg (damals Ostpreußen) begonnen. Ich wohnte bei einem kinderlosen Ehepaar direkt am Wald: Malermeister Maletzki und Frau. Sie hatten einen reinrassigen Jagdhund: Der „Kleine Münsterländer" war eine Hündin, die nicht zu ihrem – jagdlichen – Recht kam.

Sie hatte ein geflecktes, seidiges Fell, einen braunen Behang (Ohren) und eine buschige Rute. Damit fegte sie den Boden, wenn sie beim Frühstück um einen Bissen bettelte. Sie schlief auch im Bett ihrer Leute. Doch damit sollte nun Schluss sein. Senta begleitete mich fortan ins Revier und an Regentagen ins Büro. Wenn ich meinen Hut oder die Flinte vom Haken nahm, war sie außer Rand und Band.

Im Revier gab es einen Elchhirsch, der großen Schaden anrichtete. Er verbiss die Setzlinge und schälte die Eschen. Mein Lehrherr, Revierförster Henneberg, durfte ihn erlegen, und ich sollte ihn bestätigen (suchen). In der Feistzeit war das kein Problem. Er hatte seinen festen Einstand. Als aber die Brunft begann, war er heute hier, morgen dort. Nun begann die Pirsch für fast 3 Monate – schon vor Sonnenaufgang. Senta leistete mir große Dienste. Ich dressierte sie, und sie hörte schon bald auf alle Befehle. Am 27. September – 3 Tage vor Beginn der

Schonzeit – stellte sie den Elch, und Herr Henneberg konnte ihn erlegen.

Doch schon im August hatte Senta ihr Können bewiesen. Forstmeister Dombrowski hatte im Revier Birkenheide zwei Elche erlegt: Ein Alttier (Kuh) und das Kalb. Das Kalb hatte einen Blattschuss, aber das Alttier war waidwund geflüchtet. Der Forstmeister war peinlich berührt; sein Hund hatte den Elch nicht gefunden! Noch müde von der Pirsch auf den eigenen Elch musste ich nun mit Senta mein Glück versuchen. Bis nach Birkenheide waren es 10 Kilometer mit dem Fahrrad! Doch ich fand das Kalb schnell und versorgte es. Und was nun? Ich suchte die Umgebung ab. Keine Fährte, kein Schweiß (Blut), nichts. Plötzlich straffte sich die Leine – und ab ging die Post. Senta zog mich durch das Unterholz, Himbeeren und Dornen. Ein Graben, und hier wusste auch Senta nicht mehr weiter. Ich war am Ende. Doch da entdeckte ich zufällig im Graben den Abdruck eines Spalthufers. „Hier geht's weiter, Senta!" Das Wasser stand nur 10 cm hoch. Wir folgten eine Weile seinem Verlauf. Schließlich sprang Senta aus dem Graben. Wir waren auf dem Rückweg. Wir fanden das verendete Tier etwa 100 m vom Kalb entfernt.

Als ich das Tier aufbrach, lief mir heißes Blut über die Hände. Die Milz und die Nieren fühlten sich wie Schwämme an. Es war nicht mehr – wie sonst üblich – nach Königsberg verkäuflich.

Das Kalb hatte man inzwischen in die Försterei gebracht. Ich habe es dort aus der Decke geschlagen und zerlegt. Die besten Stücke erhielten die Förster: Frau Dombrowski wollte das Filet haben. Ich begnügte mich mit der Schulter. Alle gratulierten mir zu der erfolgreichen Nachsuche und bedankten sich für die Arbeit des fachgerechten Zerlegens. „Als Belohnung dürfen Sie einen Bock schießen", sagte der Forstmeister; eine echte Auszeichnung nach nur 5 Monaten Lehrzeit.

Ich wollte nur noch nach Hause – mit dem verpackten Wildbret auf dem Gepäckträger. Auch ohne Gangschaltung kamen wir schnell voran. Aber plötzlich wurde es „zappenduster" um mich.

Ein Knochen war in die Speichen geraten. Ich war gestürzt und lag nun unbeweglich unter dem Fahrrad, mitten auf dem Kiesweg. Ein wirrer Haufen, aus dem ich mich wegen der Schmerzen in der linken Schulter nicht befreien konnte. Ich war ohnmächtig geworden und dann wohl eingeschlafen. Als ich erwachte, ging gerade die Sonne unter, und Senta war fort. Wer – und wann – würde mich hier finden?

Als es dunkelte, tauchte doch noch jemand auf. Auf einem Fahrrad, weiß gekleidet. Es war mein Wirt, Malermeister Maletzki, und Senta war auch dabei. Er befreite mich aus meiner misslichen Lage und arretierte meinen Arm. Wir sind sogar nach Hause gefahren. Ich mit einer Hand am rechten Lenker. Ich hatte mir den Arm ausgerenkt.

Die Eheleute erzählten mir beim Abendessen, was sich inzwischen ereignet hatte. Sie wollten wie immer um 18 Uhr essen, aber ich kam nicht. Sie wussten von meinem Sondereinsatz und warteten und warteten. Sehr spät kam Senta, aber allein. Und sie war sehr aufgeregt.

Senta hatte an diesem Tag viel geleistet. Die Pirsch am Morgen und die Nachsuche hatten Stunden gedauert. Außerdem war sie noch 40 km neben mir hergelaufen. Ohne etwas zu fressen.

Sie lief in der Küche hin und her. Legte die Pfoten auf die Fensterbank und schaute auf den Hof. Sie winselte, kratzte an der Tür. Die Leute waren besorgt. Herr Maletzki zog sich seinen weißen Kittel an und ging vor die Tür. Senta lief gleich in Richtung Birkenheide davon. Herr Maletzki folgte ihr eiligst auf dem Rad. Sie fanden mich nach einigen Kilometern.

Mir ist auch nach 80 Jahren nicht klar, was Senta motivierte und befähigte, mir zu helfen.

Ich wurde im Oktober 1940 Soldat und habe nie wieder etwas von dem treuen Tier gehört.

JÜRGEN SCHEIBLER

Kinder lesen für Katzen

Die Schwabinger Seiten berichten von einem Projekt im Münchener Tierheim, bei dem Kinder ganz in Ruhe und ohne Druck den Katzen etwas vorlesen.

„Gerade für Kinder, die sich mit dem Lesen schwertun, ist das eine tolle Möglichkeit, zu üben, und unsere Katzen hören zu, genießen den menschlichen Kontakt und bekommen die eine oder andere Streicheleinheit."

Das Projekt richtet sich an alle Kinder im Alter von 6 bis 14 Jahren, die Zeit und Lust haben, den Katzen im Tierheim München einmal pro Woche für 30 Minuten vorzulesen.

Das Ganze hat natürlich auch etwas Kurioses, weil die Katzen den Inhalt des Vorgelesenen natürlich nicht verstehen und doch von der emotionalen Zuwendung profitieren. Ich lese auch meinem 90-jährigen Stiefvater einmal in der Woche aus der Zeitung vor. Er versteht zwar mehr als die Katzen, schläft aber schon auch mal ein. Es ist die menschliche Zuwendung, auf die es ankommt, wie eine Mutter, die mit ihrem sehr kleinen Kind spricht, das den Inhalt nur erahnen kann.

Damit er im nächsten Leben kein Tiger wird

Meine Mutter berichtet von einer Reise nach Laos, einem buddhistischen Land:

„Wir machten einen wunderbaren Aufstieg über einen Dschungelpfad zu einem Pfahlbaudorf, in dem uns ein Jäger mit Vorderlader und selbstgefertigtem Pulver begegnete. Er hatte eine dicke Eisenkette um das rechte Bein, damit er im nächsten Leben zur Strafe für's Töten kein Tiger würde!"

Silvia Scheibler

Unser Freund, der Igel Kasimir

(am 15. April 1950 im Kölner Stadtanzeiger erschienen)

Wir hatten ihn mitten in der Nacht gefunden. Schon zu Anfang bekamen wir so viel Spaß, dass wir dies als gutes Zeichen einer vielversprechenden Freundschaft nahmen. Bis auf das treulose Ende; aber da sei zu seiner Ehre gesagt: Er wurde ja nur uns und in keiner Weise sich selbst untreu. Im Gegenteil!

Aber hört lieber die Geschichte von Anfang an. Es war also mitten in der Nacht. Wir fuhren damals sehr vergnügt vom Besuch bei guten Freunden über die Militärringstraße nach Hause. Mit den Rädern; denn es war im Mai. Da lief etwas im Lichtschein unserer Lampen über den Asphalt. Eine Katze konnte es nicht gewesen sein, ein Hase auch nicht. Was also sonst? Um unsere übermütige Neugierde zu befriedigen, stiegen wir natürlich ab. Mit einem Streichholz suchten wir das Gebüsch neben der Straße ab. Nichts! Vielleicht war das kleine Ding schon weitergelaufen? Schade. – Da stieß meine Frau plötzlich einen spitzen, erschreckten Schrei aus: Sie hatte sich weh getan, sie hatte sich mächtig die Hand zerstochen – an einem Igel.

„Wollen wir ihn mitnehmen?" – „Natürlich, aber wie?" Da war guter Rat teuer. Meine Frau hatte keine Lust, ihn zum zweiten Male anzufassen. Da hieß es nun für mich, den ganzen Mut meines Geschlechtes aufzubieten (das sind die Augenblicke im Leben, wo man's beweisen kann!). Ich legte meinen Hut wie eine offene Tüte auf den Boden und rollte das Stacheltier – da hieß es mannhaft die Zähne zusammenbeißen – so wie Kinder alte Fahrradreifen vor sich her rollen. So, nun haben wir ihn, den struppigen Gesellen. Er war übrigens ganz ruhig und gar nicht widerspenstig. Einhändig radelnd kamen wir glücklich zu Hause an.

Noch in dieser Nacht legten wir den Igel in die kleine Hundehütte, deren Öffnung durch ein Gitter abzusperren war. Am anderen Morgen setzten wir ihm einen kleinen Teil seiner vielseitigen Speisekarte vor, die wir in Brehms Tierleben nachgeschlagen hatten.

Abends um 7 Uhr durfte er mit uns zusammen auf der Terrasse essen, erst seine geliebte Milch, und dann hörten wir ihn unter dem Esstisch laut schmatzend die restlichen Hühnerknochen kauen.

Erst am nächsten Morgen begannen wir Pläne für unser weiteres Zusammenleben zu machen. Noch konnten wir uns keine rechte Vorstellung davon machen. Wir durften ihn doch nicht einsperren! Dazu hatten wir schließlich kein Recht. War er nicht ebenso frei geboren wie wir? Und da Gleichberechtigung die Grundlage eines jeden freundschaftlichen Verhältnisses ist, ließen wir diesmal das Hüttchen offen mit großen Hoffnungen auf Sympathiebekundungen seinerseits (das war natürlich sehr optimistisch und eigentlich zu anspruchsvoll), aber auch mit ebenso viel Angst im Herzen, er könne unser Freundschaftsangebot zurückweisen. Wir waren sehr in Spannung. Und er? Er drehte sich um und lief mit schnellen Schritten spornstreichs von uns weg.

Damit glaubten wir unser Igel-Erlebnis am Ende. Nicht so der Igel selbst. Welche Freude: Um Schlag 7 Uhr zur Nachtmahlzeit kam unser kleiner Freund die Treppe zur Terrasse herauf, direkt auf sein Milchschüsselchen zugelaufen. Von da ab blieb das so. Er kam jeden Abend wieder, immer zur selben Zeit, und es ist nicht nur einmal vorgekommen, dass wir unsere Uhr nach seinem Erscheinen regulierten. (Du mächtige Technik, was bist du für ein Waisenkind, gemessen an deinem Vorbild, der Natur!) Wenn wir versehentlich einmal vergaßen, ihm pünktlich seine Milch zu servieren, klapperte er mit seinem Schüsselchen so umständlich und ganz unmissverständlich, bis wir ihm seinen Tribut gaben. Wir hatten von da ab viel Spaß mit dem kleinen Kerl. Zuerst bekam er einen Namen, „Kasimir" wurde er genannt. Ob er tatsächlich darauf hörte, kann man heute nicht mehr sagen, wenn aber unsere Kinder dieses Wunder der Dressur ihren Freunden zeigen wollten, richteten sie die Vorführung gerade so ein, dass sie fünf Minuten vor 7 Uhr abends beginnen konnte. Dann stand die kleine Schar erwartungsvoll da, und auf den Ruf: „Kasimir, Kasimir!" erschien – wie könnte es anders sein – der Igel.

Einmal nachts erschreckte uns lautes Gepolter im Garten, und der Gedanke an allerdings recht ungeschickte Einbrecher befiel uns. Da man vom Schlafzimmer aus das Terrassenlicht anknipsen konnte, sahen wir erleichtert Kasimir und unsere Katze, die in dieser Nacht Freundschaft geschlossen haben müssen; denn von da ab durfte die Katze mit dem Igel aus einem Schüsselchen trinken, was Kasimir vorher nicht geduldet hatte.

Ich erinnere mich auch noch eines sehr merkwürdigen Erlebnisses mit unserem Igel: Meine Frau, die es immer so einrichtete, um 7 Uhr abends zu Hause zu sein, verspätete sich einmal und kam erst um 9 Uhr heim. Mit einem sehr schlechten Gewissen lief sie gleich in den Garten; aber natürlich war so spät kein Kasimir mehr zu sehen. Recht traurig war dieser Abend, und um diesem bedrückten Herumsitzen ein Ende zu machen, gingen wir gleich nach dem Essen hinauf: Wer aber sitzt – o grenzenloses Erstaunen – vor der Schlafzimmertür? Kasimir! Unser lieber, treuer Kasimir! Wir begrüßten ihn, den Vermissten, wie neu geschenkt. Wie ist er aber die Treppe hinaufgekommen? Das fragten wir uns damals genauso, wie ihr lieben Leser es wahrscheinlich jetzt wissen wollt. Aber ich muss euch enttäuschen: Das hat uns der Igel nie erklärt, und außer ihm hätte uns niemand Auskunft geben können. Er hat sein Geheimnis mitgenommen, schon kurze Zeit später, als er uns verließ.

Und das kam so: Wir wollten ihn irgendwie für seine Anhänglichkeit belohnen, und was kann man einem alleinstehenden Igelherren Besseres antun, als ihm eine Frau zu besorgen? Gesagt – getan. In allen Tierhandlungen und im Zoo wurde nach einer geeigneten Igelfrau gesucht, bis wir endlich eine ebenbürtige Partnerin für unseren kleinen Freund fanden. Am nächsten Abend wurde sie ein paar Minuten vor 7 Uhr an Kasimirs Milchtöpfchen gesetzt. Sie war nicht ängstlich und ließ es sich gut schmecken. Inzwischen erschien der Igelherr. Er lief wie immer spornstreichs auf seine Milch zu, aber diesmal saß da zu seinem Erstaunen etwas, was sich ganz ungeniert benahm, jedoch irgendwie nach Verwandtschaft roch. Da verging ihm nun doch der Appetit! Ganz behutsam ging er zwei-, dreimal um die Schöne samt Milchtopf herum, das Schnäuzchen schnuppernd in der Luft. Da drehte sich plötzlich die Igelin herum. (Ob es wohl Gefräßigkeit oder Koketterie war, ihn so lange warten zu lassen? – An weiblichen Verführungskünsten fehlte es ihr jedenfalls nicht, wie wir bald darauf feststellen konnten.) Nun begann auch sie in der Luft zu schnuppern. Das dauerte eine Zeit lang, aber am Ende muss das Leben doch seinen gewohnten Gang nehmen: Alle beide schmatzten zusammen an dem Milchtöpfchen, das heute noch einmal nachgefüllt werden musste. Dann aber trollten sie sich bald gemeinsam, und von Stund' an ward kein Igel mehr gesehen.

O Kasimir, du Leichtverführbarer!

HANS ULRICH SCHNEIDER

Corona – ein Alptraum

Corona – ein Mythos geht um die Welt,
Kranke und Tote und fehlendes Geld.
Probleme und kein Ende in Sicht.
Es kommt mir vor wie das Jüngste Gericht.

Möglichst nicht das Haus verlassen,
einsam, allein, nicht inmitten von Massen.
Mundschutz zu tragen, das ist in,
nur so macht das Sichschützen einen Sinn.

Händewaschen ist oberstes Gebot.
Tut's jeder, kommt alles wieder ins Lot.
Wir freuen uns auf die Zeit danach,
doch bis dahin heißt's: Gemach, gemach.

Besonders gefährdet sind wir Alten.
Wir müssen uns strikt an die Regeln halten.
Kein Händeschütteln und kein Umarmen,
das alles ist zum Gotterbarmen.

Endlich eine Hoffnung in Sicht.
Am Tunnelende ist ein Licht.
Impfen ist das Zauberwort,
befreit atmen … und das sofort?!

SAMIRA SCHOGOFA

Für Othello

Können diese Augen lügen?
Kann mich etwas mehr vergnügen
als dein eleganter Gang?
Uns're Freundschaft währt schon lang.
Du bist clever, sanft und fröhlich,
einfühlsam, verspielt und höflich.
Du beschenkst mich jeden Tag.
Dein koketter Wimpernschlag
bringt mich stets erneut zum Lachen.
Mit dir kann ich mich nicht verkrachen.
Und bin ich traurig, merkst es du
Und hörst mir still und gütig zu.
Du bist es, der mich ganz versteht
und immer wieder zu mir steht.
Ich pfeif' auf menschliches Gejohl.
Mit dir fühl' ich mich pudelwohl.

WOLF-DIETMAR SOPPART

Irrtümer

Ich habe geglaubt, dass der Kommunismus siegt.
Ich habe mich geirrt!
Ich habe geglaubt, dass die DDR ewig existiert.
Ich habe mich geirrt!
Ich habe an die menschliche Vernunft geglaubt.
Ich habe mich geirrt!
Ich habe an Putin geglaubt.
Ich habe mich geirrt!
Ich habe geglaubt, dass Russland nicht die Ukraine angreift.
Ich habe mich geirrt!
Ich habe geglaubt, die Ukraine ist für Widerstand zu schwach.
Ich habe mich geirrt!
Ich glaube, es gibt kein Leben nach dem Tod.
Ich hoffe, dass ich mich irre.

1. März 2022

Abfall vom Glauben

„Erster Besuch des zweiten Menschen in Woronesch" titelte der Woronescher Kurier am 12. Juni 1996.

Jelzin hatte seinen Regierungchef Tschernomyrdin nach der Hauptstadt des Schwarzerdegebietes geschickt, um Stimmen für die Wahl zu sammeln. Tschernomyrdin, der zu jeder Gelegenheit den Halbsatz „Umom Rossija nje ponjatch" („mit dem Verstand ist Russland nicht zu fassen") benutzte, wurde Gast unserer Baustelle. Wohngebiet 5700 Woronesch, 1044 Wohnungen mit zugehöriger Infrastruktur für die aus Deutschland zurückgekehrten Militärangehörigen.

Bei der Wohnungsbesichtigung scheint der hohe Gast zufrieden mit dem Ergebnis unserer Arbeit und sagt zu dem Direktor des Woronescher Baubetriebes anerkennend: „Na, wir können es doch."

Als ich Luft hole, stößt mir Pavel, der slowakische Baustellenleiter den Ellenbogen in die Seite. Ich verzichte auf die Bemerkung, dass an den Wohnungen der einheimische Betrieb nicht beteiligt war. Vor dem Haus verschwand der Gast im Auto zur nächsten Station.

Boris Jelzin wurde im zweiten Wahlgang erneut Präsident.

Reich geworden durch Gazprom, hatte Tschernomyrdin sich für mich nicht als Sympathieträger eingeprägt, aber sein Spruch mit dem Verstand hatte sich in meinem Kopf eingenistet, denn er entsprach meinem Empfinden, nicht nur meinem.

Es war unsere Dolmetscherin Larissa, die mir erklärte, dass der Ursprung ein Vers von Fjodor Tjutschev sei.

Умом Россию не понять,
Аршином общим не измерить.
У ней особенная стать —

В Россию можно только верить.

Im Jahre 1866 hatte Fjodor Tjutschev diese Zeilen geschrieben. Flugs machte ich mich an eine Übersetzung Ich vermutete, dass der Dichter eine feine Satire im Sinne hatte. In Lyrik unbedarft erfand ich:

Mit dem Verstand ist Russland nicht zu fassen.
Mit der Elle einfach nicht zu messen.
Es hat ein ganz besond'res Flair.
An Russland kann man nur glauben, *nicht mehr.*

Das nicht mehr ergab sich mir aus der Situation. Unzufrieden jedoch fand ich, dass Tjutschev ein Patriot im diplomatischen Dienst war. Ich änderte:

Mit dem Verstand ist Russland nicht zu fassen.
Mit der Elle einfach nicht zu messen.
Es hat eine ganz besondere Natur.
Glauben kann man an Russland – nur.

Zu Tschernomyrdins Zeiten fand ich seinen Halbsatz immer mehr oder weniger lustig oder passend.

Nach der Rede des Wladimir Putin, Russland in Person, zur Ukraine am 21. Februar 2022 sind mir diese Zeilen wieder eingefallen, mit einer neuerlichen Änderung, denn ich habe den Glauben verloren.

Mit dem Verstand ist Russland nicht zu fassen.
Mit der Elle einfach nicht zu messen.
Es hat ein ganz besond'res Flair.
An Russland glauben, *nicht mehr.*

Fjodor Tjutschev möge mir verzeihen, aber ich verstehe Russland nicht mehr, und ich bange mit den Meinen in Charkow.

22. Februar 2022

SIGRID STEINKE

Der Krieg gegen die Ukraine
Beginn: 24. Februar 2022

Sein ganzes Volk
kann der russische Herrscher Putin
nicht einsperren,
nur um einen Angriffskrieg
gegen das friedliche Nachbarvolk Ukraine
zu rechtfertigen.
Er macht's anders,
bringt Desinformation
in die Köpfe der Menschen
wie ein Nebelmeer,
dass auch das russische Volk
gegen seine Pläne
nicht aufbegehrt.
Es ist Teil seiner Kriegsführung.
Es folgen Tyrannei, Tod und Zerstörung.
Dem friedlichen Land Ukraine
sie jetzt dies bringt,
wo diese um Leben
mit jedem Atemzug ringt.
Auf der Seite der Friedlichen:
Wolodymyr Selenskyj, Präsident der Ukraine.
Ihr seid so stark
und haltet gut durch.
Euer Kampfeswille,
der ist groß.
Den Tod vor Augen

in Kampfesmitte (Kiew)
steht ihr als Symbol
für Millionen von Menschen,
zu trotzen der Invasion.
Der Frieden wird kommen.

7.–10. März 2022

Die Völker als Spielball der Mächtigen
Der traurige Tag 24. 2. 2022

Putin, der Mächtige,
steht hochgerüstet mit 100 000 Mann
an der Grenze zum Nachbarland.
Gibt er den Befehl zum Einmarschieren?
Die Ukraine wird sich wehren.

Hat er vom wiedervereinten großrussischen Reich seine Vision,
erstrebt durch Krieg in der russischen Region?
Jahrzehnte Frieden in Europa stehen auf dem Spiel.
Ist das des russischen Machthabers Ziel?
Putin spricht von Frieden, den er will.
Dabei hat er ein ganz andres Ziel.
Wen von den mächtigen europäischen
Staatslenkern kann er für sich gewinnen?
Und wird er nach einer Zersplitterung Europas sinnen?

Am 24. Februar 2022 sind Truppen
Putins in die Ukraine einmarschiert.
Er Angst und Schrecken schürt.
Er macht's so wie 2014 mit der Annexion der Krim.
Blitzkrieg hat er im Sinn.
Nach der Hauptstadt Kiew rollen seine Panzer schon.
Es ist in vollem Gange seine Invasion.
Im Pakt mit Lukaschenkos Soldaten vom belarussischen Land
greift er ein friedliches Land, die Ukraine an.

27. Februar 2022

Die Ukraine und Russland

Noch kann der russische Herrscher Putin
sein ganzes Volk nicht einsperren,
nur um an der Macht zu bleiben
und um einen verheerenden Krieg
gegen das Land Ukraine zu betreiben.
Er verspricht sich einen Sieg,
um vor Europa mit noch schlimmeren Waffen zu stehn.
Europa verhalf Russland
zu wachsendem Blüh'n und Gedeih'n.
Ein Krieg gegen die Ukraine ist nicht zu verzeih'n.
Und auch sind die Europäer der Ukraine sehr verbunden.
Auch in ihren schwersten Stunden.
Und nach 30 Jahren Unabhängigkeit
ist sie zur Verteidigung ihrer Lebenswerte bereit.
Die Ukraine ist stärker, als man denkt,
denn Europa hat Jahrzehnte Frieden geschenkt.

1. Mai 2022

TINE STUPP

Gedanken zum Thema
„Sind Tiere die besseren Menschen?"

Manchmal scheint es uns, als hätten Tiere einige Vorzüge uns Menschen gegenüber. Tiere haben ein einfacheres Leben.

Was wir Menschen mit Tieren gemeinsam haben, das sind Lebenserhaltung und Fortpflanzung.

Wir Menschen machen uns das Leben immer komplizierter. Dabei wollen wir doch eigentlich nur ein besseres Leben. Der Mensch will mehr Technik und damit mehr Komfort. Weil sich das aber nicht jeder Mensch leisten kann, entstehen Misstrauen und Neid. Kann man es nicht mit ehrlicher Arbeit bekommen, dann wird über andere Möglichkeiten nachgedacht.

Der Mensch hat sich seine Fallen, wie Alkohol, Nikotin, Drogen und Kriminalität, selbst geschaffen.

So bleibt jetzt die Frage offen: Würden sich Tiere genauso verhalten, wenn sie die Möglichkeit hätten, so zu leben wie wir? – Wir wissen es nicht!

Einige Tiere besitzen zwar eine recht große Intelligenz, zum Beispiel Elstern, denen man eine kleine Kamera angesteckt hatte und die diese Kameras gemeinsam mit anderen Elstern zerstörten und entfernten, auch Vögel wie Papageien, Sittiche oder Beos, die sehr sprachgelehrig sein können.

Zum Beispiel unsere Haustiere, Hunde und Katzen können Menschen aus Gefahrensituationen retten. Aber da gibt es noch eine Eigenschaft, die viele Haustiere besitzen. Sie sind sehr empathisch und können Menschen trösten, wenn sie aus verschiedenen Gründen traurig sind. Auch Menschenaffen sind sehr intelligent und können den Menschen bis zu einem gewissen Teil nachahmen.

Da muss man sich doch fragen, ist Intelligenz so besonders gut, wenn Menschen Waffen und Vernichtungsmittel herstellen, um andere Menschen damit zu töten.

Warum erfinden intelligente Menschen Vernichtungswaffen?

Weil sie Angst haben. Diese Angst kann die Menschen so stark beherrschen, dass sie Kriege anzetteln, um nicht selbst der Verlierer zu sein. Das ist doch ganz aktuell, oder?

Da frage ich mich doch, was ist Intelligenz? Intelligenz kann also nicht nur das logische Denken beinhalten, sondern sie muss auch dem Menschen dienen bzw. von Nutzen sein und nicht zum Schaden.

Was unser Menschsein ausmacht, ist die Liebe zu allen Lebewesen und zur Natur, dann werden auch unsere Kreationen der Liebe entsprechen. Nur so kann die Menschheit überleben.

Auch wenn wir Bestandteile verschiedener Tier-DNA besitzen, sind wir trotzdem die höher entwickelte Spezies.

Also, ich sage, Tiere sind nicht die besseren Menschen, auch wenn einige intelligenter sind als andere Tiere. Aber der Mensch muss noch sehr an seiner Intelligenz arbeiten, solange sich die Menschen gegenseitig bedrohen anstatt zusammenzuarbeiten, wird es keine Weiterentwicklung des Menschen geben.

Ohne Liebe macht das Leben keinen Sinn!

Liebet Euch Menschen!

BARBARA VOGLER

Auch wieder wahr

Ein ABC-Schütze empfängt zum Schulanfang gerade seine große, große Zuckertüte.

Lacht der Opa danebenstehend: „Siehst du, bei so viel Beute kannst/musst du aber eine Menge dazulernen?!"

„Wieso?", antwortet der Enkel nachdenklich. „Ich übernehme doch einmal die Firma von meinem Vater."

Aphorismus

Er liebte genau seine Grenzen,
ging an sie. –
Sie hielten zu ihm, treu und gesund.

< zu „Ich werde nie ein andrer sein.
Ein ganz andrer nicht wirklich." >

AUTORENSPIEGEL

Alexis

Barast, Gabriel

Gabriel Barast, né à Paris en 1930, Ingénieur Agronome (Paris 1949), ensuite Cornell Université aux USA, Service militaire dans la Marine, Capitaine de Frégate de Réserve, Chevalier de l'Ordre de Mérite, activité dans l'Industrie Chimique Française. Rencontre d'une Allemande à Notre Dame de Paris en 1960. Elle raconte si bien cette rencontre dans l'Anthologie «Damals war's, tome 19, Notre Dame – Rencontre inattendue». Elle faisait le stage d'un an aux Edition Somogy. Depuis 1961 marié avec elle.

Gabriel Barast, geboren in Paris 1930, Dipl.-Ing. d'Agronomie (Paris 1949), Studium an der Cornell-Universität in den USA, Militärdienst bei der Marine, Fregatten-Kapitän der Reserve, Tätigkeit in der französischen chemischen Industrie, verheiratet mit einer Deutschen seit 1961, kennengelernt in Paris 1960 nach einem Besuch des Doms Notre Dame de Paris. Diese Begegnung hat sie in der Anthologie „Damals war's", Ausgabe 19 erzählt. Sie war für ein Jahr im Kunstbuchverlag Somogy tätig.

Egidius, Martin

Martin Egidius (Aebli), 1953 in Basel geboren, wächst als ältester von drei Söhnen in Zürich auf. Nach dem Jurastudium an der Universität Zürich lebt er zwei Jahre in der Toskana und in Umbrien, wo er sich in Perugia an der Università Per Stranieri zum Sprachlehrer (Italienisch) weiterbildet. Erste größere schriftstellerische Arbeiten entstehen. Zurück in Zürich, unterrichtet er zunächst Italienisch, später Allgemeinbildung an Berufsschulen und danach Wirtschaft und Recht, Philosophie und Fremdsprachen an der Berufsmaturitätsschule in Zürich. Unmittelbar nach seinem Italienaufenthalt belegt er ab Herbst 1981 sechs Jahre lang an der Jazzschule Luzern Instrumentalunterricht in Saxofon und Klavier sowie Theorie (Harmonielehre und Rhythmik). Daneben spielt er als Saxofonist in zwei Jazzrockbands. Martin Egidius lebt in Herrliberg bei Zürich.

Von Martin Egidius erschienen Beiträge in Zeitschriften und in der Deutschschweizer PEN-Anthologie, die Romane „Müllers Aufbruch" (1994), „Am Abgrund" (2009), „Zu vorgerückter Stunde" (2017), der Erzählband „Perdido De Viaje" (2018) sowie im Frieling-Verlag der Roman „Zu Véroniques Zeiten" (2007, ISBN 978-3-8280-2480-9) und weitere literarische Texte in elf Sammelwerken.

Fischer, Regina Franziska (geb. Pollok)
1951 in Herford geboren, besuchte die Autorin das Gymnasium in der Wittekindstadt Enger. Ausbildungen zum „Industriekaufmann IHK" und zur Fremdsprachenkorrespondentin Englisch folgten sowie ein erfolgreich abgeschlossenes Belletristik-Studium; siehe dazu auch den Eintrag im Deutschen Schriftstellerlexikon. Sie ist verheiratet und lebt als freie Autorin und Schriftstellerin in Bielefeld. Als Mitglied der DHG, Hamburg (2005-2016), und der Österreichischen Haiku-Gesellschaft, Wien, widmet sie sich der hohen Kunst der japanischen Kurzlyrik (zwei eigene Bände mit Archivierung im Deutschen Literaturarchiv, Marbach, 1. Preis Haiku-Wettbewerb DHG, 2014). Im Jahr 2015 wurde sie auch Mitglied im Verein Österreichischer Schriftstellerinnen und Künstlerinnen, Wien. Ab 2017 ebenfalls Mitglied im TEA Tagebuch- und Erinnerungsarchiv, Berlin. Fast fünfunddreißig Jahre lang unterstützte sie als Mehrfachpatin die Dritte Welt für World Vision, Frankfurt (Ehrenurkunde). Ferner ab 2017 Schutzengel-Patin für zwei weitere Projekte in der Dritten Welt bei Missio e. V., Aachen.
Regina Franziska Fischer veröffentlichte elf eigene Bücher. Während ihrer Brustkrebserkrankung 2007 entstanden fünf Lyrikbände. Ihr Buch „Lichtertore" hat dem Vatikan vorgelegen. Der darin enthaltene Artikel über Sterben auf Intensiv ihres Vaters Peter Paul Pollok – „Dies ist kein Menschenland" – hat tausendfach berührt. „Ein Stück Himmelszelt" (2012) beinhaltet ihr lyrisches Gesamtwerk. Sie nahm mit ihren feinfühligen, tiefsinnigen Texten, geprägt auch von christlicher Nächstenliebe, an unzähligen Anthologien teil, darunter inzwischen an vierzig Frieling-Editionen: Welt der Poesie 2012, 2013 (erstes deutsches Papstgedicht), 2014, 2015, 17., 18., 19., 20. und 21. Edition, Auslese zum Jahreswechsel 2012/13, 2013/14, 2014/15, 24., 25., 26., 28., 29. und 30. Edition, Ly-La-Lyrik 2013, 2014, 2015, 26. und 27. Band, Prosa de Luxe 2013, 2014 und 2015, Die großen Themen unserer Zeit 2016, 2017, 2018, 2019, 2020 und 2021, Wenn Worte blühen, Bände 1, 2, 3, 4 und 5, Damals war's, Bände 23 und 24, Reise, reise!, Ausgabe 27 sowie „Es war einmal Friede in Europa". Im

vorliegenden Band setzt sie sich mit dem Zustand der katholischen Kirche und aktuellen ethischen Herausforderungen auseinander. Außerdem setzt sie sich anlässlich des Weltkrebstages ihrer in besonderem Maße leidgeprüften Familie ein Denkmal.

Gmirek, Beate

Karls, Hannelore

Die Autorin, geboren am 4. März 1943 in Herzberg/Elster, ist in Zossen bei Berlin aufgewachsen und erlernte den Beruf der Fotolaborantin. Sie begleitete drei Kinder liebevoll ins Erwachsenenalter und schreibt über sich: „Ich bin Künstlerin, Heilerin (Reiki-Meisterin) und Autorin. Ich bin nicht nur ‚Liebe und Leid‘ (Gefängniszeiten). Ich bin auch nicht nur die ‚Grüne‘, die die Welt retten möchte. Ich bin nicht nur spirituell – oder doch?! (Viele Facetten passen in eine Schublade, in der man gern abgelegt wird.) – Ich bin alles.“

Im vorliegenden Band setzt sie sich mit dem Thema Elektrosmog auseinander sowie mit der Frage des ausgelobten Sonderthemas: „Sind Tiere die besseren Menschen?“ Weitere Informationen zur Autorin finden sich auf ihrer Website www.hannelore-karls.de.

Lauinger, Heinrich

Der 1946 in Karlsruhe geborene Autor studierte an den Universitäten Freiburg, Innsbruck und Karlsruhe Germanistik, Geschichte, Rechtswissenschaft und Philosophie; in Karlsruhe legte er das Magisterexamen ab. Nach Tätigkeiten als Lehrerassistent in England sowie als Privatlehrer war er als freier wissenschaftlicher Mitarbeiter an der Universität Karlsruhe beschäftigt.

Im Frieling-Verlag erschienen von Heinrich Lauinger im Zeitraum 1994 bis 2011 die Bücher „Formen und Funktionen des Schmollens in den Seldwyla-Novellen von Gottfried Keller“, „Goethes Schweizer Reisen 1779 und 1797“, „Von Märchenwiesen und Löwenzähnen“, „Reise nach Rhodos“ und „Der Berater des Präsidenten“ (Bände I bis V). Weitere literarische Texte aus seiner Feder wurden in 54 Frieling-Sammelwerken veröffentlicht.

Lüken, Olaf

Olaf Lüken wurde 1952 in Herne, Nordrhein-Westfalen geboren und lebt heute in Sankt Augustin (Rheinland). Er arbeitet als freier Journalist. Vor seiner Tätigkeit im schreibenden Bereich war der Autor zuletzt Dipl.-Bankbetriebswirt (ADG) und Leiter eines Bankenmarktes bei Wismar (Nordwest-Mecklenburg).

Der Autor schreibt heute für zahlreiche Magazine und Tageszeitungen. Von ihm stammen die Bücher: Erfolgreich verkaufen im 21. Jahrhundert (2001), Schöne neue Geldwelt (2017), Die Stunde des Fisches (2018) und Hunde lärmen nicht, sie bellen nur (2020)

Melchert, Günther

Der 1936 in Köln geborene und dort lebende Autor war als Beamter, Industrieangestellter, Personalleiter, Arbeitnehmerberater und Mitarbeiter der Gewerkschaft Erziehung und Wissenschaft (GEW) tätig.

Günther Melchert ist Mitglied des Verbandes deutscher Schriftsteller (VS) und Gründungsmitglied der Kölner Literaturgruppe 78; er war Mitarbeiter des Werkkreises Literatur der Arbeitswelt und Vorstandsmitglied des Förderzentrums „Jugend schreibt". Sein Schaffen umfasst fast alle literarischen Formen: unter anderem Romane, Erzählungen, Theaterstücke, Hör- und Fernsehspiele, Straßenszenen, Bildergeschichten, literarische Comics, Aphorismen und Gleichnisse. Darüber hinaus hat er am Kölner Literaturtelefon teilgenommen. 1987 erschien sein Erzählband „Die Uhr mit dem Tick". Weitere Werke wurden in Zeitschriften und Anthologien des In- und Auslandes veröffentlicht, darunter in 106 Frieling-Sammelwerken. Zudem betätigte er sich als (Mit-)Herausgeber, Übersetzer und Lektor. Im vorliegenden Band präsentiert er eine Erzählung, die aus dem Konzept einer verstorbenen Schriftstellerkollegin gewachsen ist und von zwei Engeln auf der Erde berichtet, und nähert sich der Frage des ausgelobten Sonderthemas: „Sind Tiere die besseren Menschen?"

Neugebauer, Rita

Rita Neugebauer wurde während des Krieges 1943 in Schwerin an der Warthe geboren. Während ihrer Kindheit in Berlin verbrachte sie sehr viel Zeit mit ihrem Vater, der ihr die Schönheit der Natur und das Wesen der verschiedenen Tiere zeigte. Sehr oft erkundeten beide die Umgebung von Berlin beim Pilzesammeln und Angeln. Er zeigte seiner Tochter eben das „Gekreuch und Gefleuch" unserer Heimat.

Heute kann die Autorin in einem Garten im Norden von Berlin ihre Tier- und Naturbeobachtung in sauberer und frischer Luft genießen. In ihrem Beitrag in der vorliegenden Anthologie finden unter anderem auch einige spannende Tierbeobachtungen ihren Niederschlag.

Pander, Rolf von

Der heute in Oberzent (Odenwald) lebende Autor wurde 1948 in Hameln geboren und wuchs in Lauenstein am Ith auf. Er absolvierte an der Johannes-Gutenberg-Universität in Mainz ein Studium der Meteorologie, das er mit dem Diplom abschloss. Anschließend schlug er eine höhere Beamtenlaufbahn beim Deutschen Wetterdienst ein.

Rolf von Pander entdeckte die Freude am Schreiben in den Neunzigerjahren. Er schrieb Essays, Gedichte, ein leicht verständliches Wetterbuch sowie Erlebnisberichte über Marathonläufe und veröffentlichte sie im Selbstverlag. Texte von ihm erschienen in Anthologien des Frankfurter Literaturverlages, des Cornelia Goethe Akademieverlages, des August von Goethe Literaturverlages und des R. G. Fischer Verlages sowie in vierundzwanzig Frieling-Sammelwerken. 2021 erschien zudem die von Rolf von Pander besorgte deutsche Übersetzung von Eelco J. Rohlings „Die Klimafrage" im Frieling-Verlag (ISBN 978-3-8280-3597-3).

In den Texten in dieser Anthologie setzt sich der Autor mit der Pandemie und den richtigen Maßnahmen gegen das Virus auseinander.

Quinius, Maria

Maria Quinius wurde 1988 geboren und wuchs in Greifswald auf. Neben dem Schreiben gilt ihre Leidenschaft der Musik und der Kunst. Die Autorin ist verheiratet und lebt mit ihrem Mann in ihrer Heimatstadt. Sie verleiht jedem einzelnen ihrer Verse enorm viel Kraft und stößt etwas in uns an. Im Frieling-Verlag erschienen ihre Werke „Ein Satz Erfahrungen" (ISBN 978-3-8280-3459-4) und „Ernst denkt: ‚Heiter'" (ISBN 978-3-8280-3530-0) sowie Beiträge in den Anthologien „Welt der Poesie" (19. Edition), „Mütter und Töchter", „Wenn Worte blühen" (Bände 3 und 5).

Rankers, Monika

Nach Kindheit und Jugend am Niederrhein studierte Monika Rankers in Bonn Romanistik und Anglistik. Die anschließende Referendarzeit wurde durch einen Unfall, durch den sie zeitweise die Sprache verlor, jäh beendet. In dieser Phase entwickelte sie ihre kreativen Fähigkeiten und arbeitet seither als bildende Künstlerin. Im Frieling-Verlag erschien von ihr das Werk „Bilder einer Lebenswende. Vom Kampf, Mensch zu bleiben" (2012, ISBN 978-3-8280-3056-5) sowie Beiträge in den Anthologien „Wenn Worte blühen" (Band 3), „Damals war's" (Band 23) und „Reise, reise!" (Ausgabe 26).

Redetzky, Horst

Der 1921 im nordostpreußischen Naußeden geborene Autor nahm nach Erlangung der Primareife im April 1940 eine Forstlehre auf, die jedoch bereits ein halbes Jahr später mit der Einberufung zum Wehrdienst ein jähes Ende fand. Von 1944 bis 1949 war er in sowjetischer Kriegsgefangenschaft. 1954 beendete er ein Pädagogikstudium in Oldenburg und war dann bis zu seiner Pensionierung als Lehrer und Schulleiter tätig.

Von Horst Redetzky erschienen im Frieling-Verlag die autobiografischen Berichte „Offizierslager 7150 Grjasowez" (1996) sowie „Ich war weder ein Held noch ein Verbrecher" (2017, ISBN 978-3-8280-3368-9). Darüber hinaus wurden von ihm Übertragungen bekannter literarischer Werke (unter anderem „Hans Huckebein", „Max und Moritz", „Plisch und Plum") in die nordostpreußische Mundart im Verlag C. Winter, Heidelberg, und im Husum-Verlag veröffentlicht.

In seinem Beitrag in der vorliegenden Edition erinnert der Autor an eine Hündin, die ihm 1940 das Leben rettete.

Scheibler, Jürgen

Der 1947 in München geborene Autor wuchs in einer Diplomatenfamilie in der Türkei, in Afghanistan und Thailand auf. Nach dem Studium der Psychologie in Freiburg, Tübingen und Berlin führte er in eigener Praxis Einzel- und Gruppentherapien durch, unterbrochen durch eine fast zehnjährige Tätigkeit in der Luftverkehrsforschung. Als Rentner widmet sich der Autor heute seinen Hobbys Schreiben und Zeichnen.

Unter dem Titel „Die Stimme der Sehnsucht" hat der Autor im Frieling-Verlag bereits zwei Bände mit Alltagsbeobachtungen, Reflexionen und Geschichten aus seinen Tagebüchern veröffentlicht. Aus dem zweiten Band stammen die beiden hier präsentierten Tiergeschichten.

Scheibler, Silvia

Silvia Scheibler ist die Tochter des Kölner Zeitungsverlegers Dr. Kurt Neven DuMont, der nach dem Krieg den Kölner Stadtanzeiger herausgab. In erster Ehe war sie mit dem Kölner Kaufmann Christoph Scheibler und in zweiter Ehe mit dem Diplomaten Reinhard Schlagintweit verheiratet. Die hier präsentierte Geschichte vom Igel Kasimir schrieb sie mit 24 Jahren für die Zeitung Ihres Vaters und erhielt dafür auch ein Honorar.

Schneider, Hans Ulrich

Hans Ulrich Schneider, geboren am 5. April 1949, lebt im Eichsfeld, einem zu Thüringen gehörenden Gebiet des Südharzes. Er wuchs in der 500-Seelengemeinde mit drei älteren Geschwistern auf und besuchte die dortige Grundschule. Nach Beendigung der schulischen Ausbildung an der POS in Großbodungen begann er im Kaliwerk „Thomas Müntzer" in Bischofferode die Lehre zum Betriebsschlosser, die er 1967 erfolgreich abschloss. Von 1967 bis 1970 studierte er an der Ingenieurschule „Fritz Himpel" in Eisleben und beendete das Studium als Ingenieur. Nach weiteren Qualifikationen arbeitete er im Kaliwerk Bischofferode bis zu dessen Schließung 1994 als Konstrukteur. Bis zu seinem vorzeitigen krankheitsbedingten Ausscheiden aus dem Berufsleben wirkte er in weiteren Betrieben der Region. Heute lebt der Autor in seinem Geburtsort Werningerode.

Erinnerungen an seine Kindheit in der DDR veröffentlichte er in den Büchern „Improvisieren großgeschrieben" (Frieling-Verlag Berlin, ISBN 3-8280-3129-6) und „Wir brauchten keinen Spielplatz" (Buchwerkstatt Berlin, ISBN 978-3-940281-56-2). Außerdem erschienen Werke von ihm in mehreren Frieling-Anthologien und in seinem Lyrikband „Der Schmetterlingsstrauch und andere Gedichte" (Frieling-Verlag Berlin, ISBN 978-3-8280-3408-2).

Schogofa, Samira

1958 in Essen im Ruhrgebiet zur Welt gekommen, träumte Samira Schogofa sich schon als Kind gern weg. Wie es dereinst Sylvia Plath formulierte: „Ich schreibe, weil eine Stimme in mir ist; die will nicht schweigen", so fühlte auch Schogofa von Beginn an der Drang, dieser inneren Stimme Ausdruck zu verleihen: „Immer wieder wagte ich mich an Gedichte, die ich zwar unter einem Pseudonym schreibe, die mich aber dennoch entlarven. Mir gefällt diese Maske, weil sie mich befreit." Ihre großen literarischen Vorbilder, die widersprüchlicher nicht sein könnten, sind T. S. Eliot und Charles Bukowski.

Nach einem Studium der Anglistik und Romanistik in Heidelberg lebte die Autorin eine Zeit lang in Chile, wo sie Land und Leute aufsog wie ein Schwamm. Nun steht die Veröffentlichung eines ersten Gedichtbandes an. Auch im vorliegenden Band präsentiert sie eine lyrische Kostprobe.

Soppart, Wolf-Dietmar

Wolf-Dietmar Soppart, geboren 1946 in Holtendorf in der Oberlausitz, war als Betonbauer und Bauingenieur tätig. 1974/75 absolvierte er ein Zusatzstudium in Charkow in der UdSSR. Von 1991 bis 2009 war er in leitenden Funktionen auf Baustellen in Weißrussland, der Russischen Föderation und in der Ukraine tätig. Bereits seit 1976 schreibt er Kurzgeschichten, vor allem über seine Erlebnisse und Erfahrungen. Im vorliegenden Band setzt er sich in zwei Texten mit dem Krieg in der Ukraine auseinander.

Steinke, Sigrid

Die Autorin, geboren 1963 in Berlin, wurde nach dem erfolgreichen Abschluss der polytechnischen Oberschule an der Humboldt-Universität zu Berlin zur wissenschaftlichen Bibliotheksassistentin ausgebildet. Zwanzig Jahre arbeitete sie in ihrem Beruf. Gemeinsam mit ihrer Mutter Hilde Mai schreibt sie jetzt Gedichte. Ein Gedicht ihrer Mutter beginnt mit den Worten: „Sigrid, meine Muse du". Mit diesen liebenswerten Zeilen ehrt die Dichterin ihre Tochter Sigrid Steinke und dankt ihr für die geleistete Arbeit. Sie sagt: „Sigrid ist sehr naturverbunden und schreibt spannende Gedichte." Im Frieling-Verlag erschienen bereits Gedichte von Sigrid Steinke in den Anthologien „Welt der Poesie" (2018, 2019, 2020, 2021) sowie „Die großen Themen unserer Zeit" (2020).

Stupp, Tine

Tine Stupp wurde 1948 in Dresden geboren. Schon in ihrer Schulzeit schrieb sie Geschichten, doch niemand – außer ihrer Mutter – wusste diese so recht zu würdigen, weil die Lehrer meinten, den Aufsatz oder die Geschichte hätte kein Kind geschrieben. Sie erlernte den Beruf der Schuhstepperin, machte eine Ausbildung zur Wirtschaftskauffrau und arbeitete als Sekretärin in Berlin. Die politischen Ereignisse in der DDR bewogen die Autorin schließlich zu einem Neuanfang in der BRD, wo sie zunächst an einer Reha-Klinik in Würzburg tätig war. Eine unerwünschte berufliche Auszeit brachte Tine Stupp dem Schreiben wieder näher. Nach einem Schreibkurs an der Axel-Andersson-Akademie in Hamburg und Erreichen des Rentenalters fand sie endlich Zeit und Muße, ihrem liebsten Hobby von Neuem intensiv nachzugehen. Die Autorin lebt in Köln.

Vogler, Barbara

Nach dem Gedichtband „Liebes Geheimnis" und der Veröffentlichung von Gedichten in der 24., 26., 27., 28. und 29. Ausgabe der Anthologie „Die großen Themen unserer Zeit" präsentiert die Autorin auch in diesem Jahr Verse aus ihrer literarischen Produktion.